AF199793

Herausgeber: Dr. Michael Reich

Autor: Martin Gerlach

Status quo und Relevanz von digitalen Ökosystemen

in der deutschen Versicherungswirtschaft

Martin Gerlach

Status quo und Relevanz von digitalen Ökosystemen in der deutschen Versicherungswirtschaft

FSC
www.fsc.org
MIX
Papier aus ver-
antwortungsvollen
Quellen
Paper from
responsible sources
FSC® C105338

Martin Gerlach

Status quo und Relevanz von digitalen Ökosystemen in der
deutschen Versicherungswirtschaft

Der direkte Draht zu 67rockwell Consulting GmbH

www.67rockwell.de

E-Mail: kontakt@67rockwell.de

Bibliografische Information der Deutschen Nationalbibliothek: Die Deutsche
Nationalbibliothek verzeichnet diese Publikation in der Deutschen Nationalbib-
liografie; detaillierte bibliografische Daten sind im Internet über dnb.dnb.de ab-
rufbar.

Herstellung und Verlag:

BoD – Books on Demand, Norderstedt.

ISBN: 9783749484546

Vorwort

Digitale Ökosysteme haben sich in den letzten Jahren sowohl in der Theorie als auch in der Praxis zu einem sehr relevanten Thema entwickelt. In der Wissenschaft zeigt sich die hohe Bedeutung durch zahlreiche Veröffentlichungen und die zunehmende Thematisierung auf Konferenzen. In der Wirtschaft lässt sich die große Bedeutung unter anderem aus der Anzahl der strategischen Investitionen von Unternehmen ableiten, die vermehrt darauf abzielen, sich an strategischen Partnern zur Bildung von Ökosystemen zu beteiligen. Der Erfolg des Geschäftsansatzes Ökosystem wird auch dadurch deutlich, dass ein Großteil der weltweit wertvollsten Unternehmen plattformbasierte Ökosysteme als Geschäftsansatz nutzen.

In der wissenschaftlichen Literatur gibt es bereits eine Vielzahl von Arbeiten, die sich mit dem Thema Ökosystemen auseinandersetzen. Der Betrachtung des Status quo von Ökosystemen in den Themenfeldern Mobilität, Wohnen und Gesundheit aus Sicht der deutschen Versicherungswirtschaft wurde dagegen bisher deutlich weniger Aufmerksamkeit gewidmet.

Die vorliegende Arbeit beschäftigt sich mit diesem Thema und untersucht den Entwicklungsstand von Ökosystemansätzen in den genannten Themenfeldern sowie deren Leistungsangebote. In der Arbeit wird zudem untersucht, wie sich Versicherungsunternehmen in Ökosystemen grundsätzlich positionieren können und welche Ökosystemansätze aktuell von Versicherern verfolgt werden. Zudem betrachtet die Arbeit auf Basis einer Vielzahl von Experteninterviews mögliche Potenziale von Ökosystemen für Versicherungsunternehmen und thematisiert die Herausforderungen, welche die Versicherungsbranche in diesem Themenfeld zu lösen hat.

Der Arbeit gelingt es dabei, die möglichen Potenziale für den deutschen Versicherungsmarkt klar darzulegen und zeigt zudem auch auf, was Ökosystemansätze von klassischen, in der Versicherungsbranche etablierten, Kooperationsansätzen unterscheidet. Die Arbeit widmet sich einem branchenübergreifenden und äußerst aktuellen Thema mit hoher Relevanz für die gesamte Versicherungswirtschaft.

Hamburg, im Oktober 2019   Prof. Dr. Florian Elert

Professor für Versicherungsmanagement
Hamburg School of Business Administration

Herausgebervorwort

Die Versicherungsbranche befindet sich nicht zuletzt aufgrund der Digitalisierung in einem stetigen Wandel. Im Zuge dessen gewinnen digitale Ökosysteme in der Versicherungsbranche verstärkt an strategischer Bedeutung. Wesentliche Fragestellungen zu digitalen Ökosystemen hinsichtlich Kundenzentrierung, Ökosystemteilnehmer sowie regulatori-scher Herausforderungen finden verstärkte Aufmerksamkeit in Wissenschaft und Wirtschaft. Nicht selten werden diese Fragestellungen zu elementaren Bestandteilen strategischer Neuausrichtungsprogramme gemacht.

Die Unternehmen der deutschen Versicherungsbranche befassen sich nicht nur theoretisch mit digitalen Ökosystemen, sondern definieren bereits aktiv ihre eigene Rolle im Markt und positionieren sich entsprechend. Die Entwicklung digita-ler Ökosysteme bietet Perspektiven zur Erweiterung des eigenen Geschäftsmodells, Ansatzpunkte für Veränderungs-prozesse sowie eröffnet zusätzliche Vertriebskanäle inkl. neuer Schnittstellen und Kundenzugänge. Neben dem ge-steigerten Wachstumspotenzial führen digitale Ökosysteme auch zur Erhöhung des Konkurrenzaufkommens innerhalb der Branche und – ganz wesentlich – auch branchenübergreifend. Die Bestrebungen großer Technologieunternehmen, wie beispielsweise Amazon oder Alibaba, in den Versicherungsmarkt einzutreten, bleiben nicht ohne Auswirkungen und führen zu notwendiger Reflexion tradierter Geschäftsmodelle.

Als etablierte Managementberatung begleiten wir unsere Kunden der Versicherungsbranche bei der Entwicklung und Etablierung digitaler Ökosysteme und ergänzen diese Expertise durch branchenübergreifende Erfahrungen.

Mein Dank gilt daher dem Autor, der sich dieser hochaktuellen Thematik angenommen hat und mit tiefgreifender Fachkompetenz zukunftsweisende

Erkenntnisse für die Versicherungsbranche generiert hat. Das vorliegende Buch liefert einen sehr guten Überblick über digitale Ökosysteme, nimmt einen internationalen Vergleich vor und unter-streicht darüber hinaus die bestehende Aktualität der Thematik für die Versicherungsbranche eindrücklich. Die bestehende Literatur zu digitalen Ökosystemen in der Versicherungsbranche findet in den Ergebnissen dieser Arbeit eine bedeutsame Bereicherung.

Hamburg, im Oktober 2019   Dr. Michael Reich

                                            Geschäftsführender Gesellschafter
                                            67rockwell Consulting GmbH

Danksagung

Meinen herzlichen Dank möchte ich an dieser Stelle jenen Personen ausspre-
chen, die zum Gelingen dieser Arbeit beigetragen haben.

Zuerst möchte ich mich bei Frau Prof. Dr. Michaele Völler bedanken, die durch
Ihre intensive Betreuung die vorliegende Arbeit ermöglicht hat. Das ehrliche
Feedback hat sowohl die Struktur als auch die Inhalte signifikant verbessert.

Ein besonderer Dank gebührt meinen 13 Interviewpartnern, die mir durch ihre
Unterstützung und den Einsatz ihrer Zeit wertvolle Einblicke in die Praxis ermöglicht haben. Ohne diese Interviews wären die in der Arbeit getroffenen Ab-
leitungen nicht möglich gewesen.

Das größte Dankeschön möchte ich jedoch meinem Arbeitgeber 67rockwell
Consulting, insbesondere Herrn Dr. Michael Reich und Herrn Tim Lietz, aus-
sprechen. Die eingebrachten kritischen Stimmen haben bedeutend zu der er-
reichten Qualität der Arbeit beigetragen. Auch möchte ich mich für die Möglichkeit zur Veröffentlichung der Arbeit bedanken, die ohne Herrn Dr. Michael Reich
nicht realisierbar gewesen wäre.

Inhaltsverzeichnis

Abkürzungsverzeichnis

API	Application Programming Interfaces
B2B	Business-to-Business
B2C	Business-to-Consumer
BGV	Berufsgenossenschaftliche Vorschriften
DKV	Deutsche Krankenversicherung
IoT	Internet of Things
LVM	Landwirtschaftlicher Versicherungsverein Münster
NPS	Net Promoter Score
OEM	Original Equipment Manufacturer
SV	SparkassenVersicherung
USP	Unique Selling Proposition
VKB	Versicherungskammer Bayern

Abbildungsverzeichnis

1   Einleitung

Die deutsche Versicherungswirtschaft befindet sich in turbulenten Zeiten. Technologische Fortschritte, neu in den Markt eintretende Wettbewerber und zunehmend verschwimmende Industriegrenzen sind dabei nur ein kleiner Ausschnitt aus der Vielzahl von Veränderungstreibern.[1] Dieser Wandlungsdruck ist den Versicherungsmanagern bekannt. 86 % von ihnen bestätigen, dass ihre Unternehmen sich mit einer enormen Geschwindigkeit weiterentwickeln müssen, um wettbewerbsfähig zu bleiben.[2] Besonders nachvollziehbar wird der Veränderungsdruck unter Berücksichtigung von Expertenmeinungen über potenzielle Wettbewerber der Versicherungsunternehmen.[3] Alphabet, Amazon und Co. setzen mit einfachen und schnellen Prozessen branchenübergreifende Standards für Benutzerfreundlichkeit und Kundenservice, an denen sich Versicherungen messen lassen müssen.[4]

Die Kernfrage ist, wie Kundenzentrierung und Benutzerfreundlichkeit in einer derart stark produktgetriebenen Branche mit zusätzlich äußerst geringem Kundenkontakt etabliert werden können. Das Konzept der digitalen Ökosysteme ist ein möglicher Ansatzpunkt. Bei einem digitalen Ökosystem handelt es sich um einen kundenfreundlichen Zugang zu unterschiedlichen Sach- und Dienstleistungen, die durch Kooperation einer Vielzahl von Anbietern gebündelt und angeboten werden. Die verschiedenen Services werden dem Kunden in einem unter einheitlicher Leitung stehenden Ökosystem präsentiert.[5]

---

[1] Vgl. Max, C. (2018), S. 4.
[2] Vgl. Cusano, J.; Starrs, A. (2017), S. 9.
[3] Kestermann, C. (2018).
[4] Vgl. Völler, M. (2016), S. 15 f.
[5] Vgl. Kapitel 3.

Für deutsche Verbraucher sind digitale Ökosysteme nicht unbekannt. Die einschlägigen App Stores auf den Smartphones sind per Definition Ökosysteme, die auf Grundlage von Plattformen die verschiedene (virtuelle) Produkte unter der Leitung des Plattformbetreibers anbieten. Das Konzept von Plattformlösungen, im weitesten Sinne ein Synonym für digitale Ökosysteme, ist folglich keine Innovation mehr für die Wirtschaft. Deutschen Versicherern sind digitale Ökosysteme bekannt, bis auf einige Ansätze sind jedoch noch keine nennenswerten Konzepte am Markt zu beobachten. Im Ausland hingegen sind sowohl in der Versicherungswirtschaft als auch außerhalb der Branche einige digitale Ökosysteme mit hunderten Millionen von Nutzern vorhanden. Exemplarisch seien ZhongAn aus China, Rakuten aus Japan oder auch Amazon aus den USA genannt.

1.1   Zielsetzung

Ziel der Arbeit ist es, den Status quo und die Relevanz digitaler Ökosysteme für die deutsche Versicherungswirtschaft zu erheben. Es wird untersucht, welche digitalen Ökosysteme auf dem deutschen Versicherungsmarkt derzeit vorhanden sind, sodass ein Marktüberblick über die aktuellen Entwicklungen gegeben werden kann. Zusätzlich wird die Relevanz der Plattformlösungen mithilfe von Experteninterviews erhoben und bewertet. Neben dem Status quo und der Relevanz werden darüber hinaus einige Potenziale digitaler Ökosysteme aufgezeigt. Die Kundenperspektive auf digitale Ökosysteme wird nachfolgend nicht explizit eingenommen. Ebenfalls nicht Bestandteil der Arbeit ist es, das wirtschaftliche Potenzial von Ökosystemen aufzuzeigen oder einen vollumfassenden Überblick über internationale Entwicklungen digitaler Ökosysteme darzustellen. Weiterhin soll nicht aufgezeigt werden, wie digitale Ökosysteme aufgebaut werden können und was die zu beachtenden rechtlichen Anforderungen sind. Die angestellten Untersuchungen fokussieren sich hauptsächlich auf das Privatkundengeschäft.

1.2 Aufbau der Arbeit und methodische Konzeption

Die Arbeit wird mit ausgewählten aktuellen Entwicklungen in der Versicherungswirtschaft begonnen. Berücksichtigt werden die Situation der Kundenzufriedenheit und -loyalität, technologische Entwicklungen sowie branchenfremde Wettbewerber am Versicherungsmarkt. Das nächste Kapitel führt den Begriff digitaler Ökosysteme ein und erläutert einige Grundlagen dazu. In den nächsten Abschnitten wird ein Entwicklungsmodell digitaler Ökosysteme vorgestellt und es werden die Funktionsweise sowie Auswirkungen auf einige der vorgestellten Entwicklungen in der Versicherungswirtschaft beschrieben. Das vierte Kapitel erhebt den Status quo digitaler Ökosysteme in der Versicherungswirtschaft. Anhand von ZhongAn aus China wird ein weit entwickeltes digitales Ökosystem erläutert, um anschließend die Situation digitaler Ökosysteme am deutschen Markt in den Bereichen Smart Home, Mobilität und Gesundheit zu untersuchen. In dem fünften Kapitel werden die Relevanz und das Potenzial digitaler Ökosysteme für die deutsche Versicherungswirtschaft beurteilt. Abschließend wird im letzten Kapitel die Arbeit kritisch gewürdigt und ein Fazit zum Status quo und der Relevanz digitaler Ökosysteme für die deutsche Versicherungswirtschaft gezogen.

Zur Beantwortung der aufgestellten Fragestellung nach dem Status quo und der Relevanz digitaler Ökosysteme wurden sowohl Primär- als auch Sekundärdaten hinzugezogen. Die Primärdaten wurden aufgrund des noch frühen Stadiums der Forschung zu digitalen Ökosystemen in Form von explorativen Tiefeninterviews erhoben. Aus der Methodik der Tiefeninterviews wurden Experteninterviews ausgewählt, um zu dem Thema digitaler Ökosysteme in der Versicherungswirtschaft sehr fokussiert das Wissen ausgewählter Experten zu erheben.[6] Aus den Ergebnissen der teilstrukturierten Interviews wurden anschließend Trendaussagen abgeleitet.[7] Die Methodik der teilstrukturierten (Experten-) Interviews wurde ausgewählt, um dem Interviewer trotz einheitlichen Fragebogens[8] die Möglichkeit zu geben situativ Fragen umzuformulieren oder neu hinzuzufügen.[9] Alle Interviews wurden entweder persönlich oder telefonisch durchgeführt mit einer Dauer zwischen 30 und 60 Minuten. Mit Zustimmung der Experten wurde die Befragung aufgezeichnet und im Anschluss transkribiert sowie strukturiert.

1.3   Experteninterviews

Es wurden insgesamt 13 qualitative Interviews zu dem Status quo und der Relevanz digitaler Ökosysteme in der deutschen Versicherungswirtschaft durchgeführt. Befragt wurden nur Experten, die in der Versicherungsbranche tätig sind. Die heterogene Zusammensetzung der Tätigkeiten der Befragten führt zu differenzierten Blickwinkeln auf das Thema. Nachfolgend sind alle Interviewpartner tabellarisch aufgeführt.

---

[6] Vgl. Pfadenhauer, M. (2009), S. 451 f.

[7] Vgl. Altobelli, C. F. (2017), S. 33 f.

[8] Ausnahmen bilden die Interviews mit der Element Insurance AG und KASKO, die aufgrund der besonderen Geschäftsmodelle mit stark modifizierten Fragebögen durchgeführt worden sind, vgl. Experteninterview.

[9] Vgl. Kurz, A. et al. (2009), S. 465 f.; Hopf, C. et al. (2005), S. 355; siehe Anhang 1.

Experten von Versicherungsunternehmen und InsurTechs	
Experte	Top 5 Versicherungsunternehmen in Deutschland
Wittmann, Wolfgang	BavariaDirekt (Ostdeutsche Versicherung AG) Innovator und Produktmanager
Hector, Richard	Element Insurance AG Chief Sales Officer
Experte	Top 5 Versicherungsunternehmen in Deutschland
Frommer, Henning	Gothaer Allgemeine Versicherung AG Senior Analyst Digitalisierung
Experte	Top 15 Versicherungsunternehmen
Experte	Top 10 Versicherungsunternehmen in Deutschland
Sühr, Nikolaus	KASKO Chief Executive Officer und Gründer
Schubert, Florian	Swiss Re Primary Insurance Solutions Specialist
Experten aus dem akademischen Umfeld und Journalismus	
Dr. Kiera, Robin	Digitalscouting.de Gründer von Digitalscouting, Top FinTech Influencer
Prof. Dr. Elert, Florian	Hamburg School of Business Administration Professor Versicherungsmanagement
Experten aus der Unternehmensberatung	
Martin-Boes, Alexander	Sopra Steria Director and Member of Insurance Division Board
Experte	International agierende Managementberatung

Abbildung 1: Übersicht Interviewpartner[10]

---

[10] Eigene Darstellung.

Die Ergebnisse der Befragungen fließen besonders in die Kapitel „Digitale Öko-systeme", „Status quo digitaler Ökosysteme in der Versicherungswirtschaft" so-wie „Relevanz und Potenzial digitaler Ökosysteme in der deutschen Versiche-rungswirtschaft" ein.

2   Aktuelle Entwicklungen in der Versicherungswirtschaft

Das Kapitel „Aktuelle Entwicklungen in der Versicherungswirtschaft" beschreibt einige ausgewählte Marktbeobachtungen, die für den weiteren Verlauf der Ar-beit von Bedeutung sind. Neben der geringen Kundenzufriedenheit und -loyali-tät von Versicherungsnehmern, werden in dem zweiten Abschnitt ausgewählte technologische Entwicklungen untersucht, die im Kontext digitaler Ökosysteme für Versicherer relevant sind. Der dritte Teil befasst sich mit branchenfremden Wettbewerbern. Mit dem Zwischenfazit zu aktuellen Entwicklungen in der Ver-sicherungswirtschaft wird das Kapitel beendet.

2.1   Kundenzufriedenheit und -loyalität

Per Definition entsteht Kundenzufriedenheit, wenn Erwartungen des Kunden an eine Sach- oder Dienstleistung erfüllt oder sogar übertroffen wird.[11] Die Er-wartungen speisen sich dabei aus vorherigen Erfahrungen.[12] Ein wichtiger An-satz, um die Kundenzufriedenheit zu erhöhen, sind regelmäßige und vor allem wertstiftende Kundeninteraktionen.[13] Zufriedene Kunden sind gegenüber neuen Sach- und Dienstleistungen desselben Unternehmens wesentlich auf-geschlossener.[14]

---

[11] Vgl. Engel, J.; Miniard, P. (1990), S. 481; Foscht, T. et al. (2015), S. 236.

[12] Vgl. Homburg, C. (2012), S. 20 f.; Peverelli, R./de Feniks, R. (2016).

[13] Vgl. Naujoks, H. et al. (2017a), S. 13 f.

[14] Vgl. Peverelli, R.; de Feniks, R. (2016).

Kundenloyalität bedeutet die Bereitschaft von Kunden ein Investment in ein Unternehmen oder ein Produkt zu tätigen. Wiederholte Käufe bedeuten noch nicht, dass Kunden gegenüber einem Unternehmen loyal eingestellt sind.[15] Verschiedene Gründe können zu wiederholten Käufen führen, bspw. kann der Kunde dem Produkt gegenüber indifferent sein.[16] Loyalität zeichnet sich vielmehr dadurch aus, dass Kunden bei einem Produkt oder einer Marke eine äußerst geringe Preissensitivität haben. Der aber wichtigste Aspekt für Kundenloyalität ist die Bereitschaft zur Weiterempfehlung und die positive Äußerung über ein Unternehmen auszudrücken. Sobald Kunden ihrer Familie und Freunden eine Sach- oder Dienstleistung empfehlen, stehen sie diesen gegenüber mit ihrem Namen dafür ein. Besteht Indifferenz gegenüber einem Produkt oder einer Marke, so sprechen Kunden auch nicht darüber.[17] In der Literatur ist der direkte Zusammenhang zwischen Kundenzufriedenheit und -loyalität vielfach nachgewiesen worden. Kundenzufriedenheit ist einer der Haupteinflussfaktoren auf die Kundenloyalität. Zwischen Kundenkontakt, Kundenzufriedenheit und Kundenloyalität besteht ebenfalls ein direkter Zusammenhang. Regelmäßige und vor allem positive Kundeninteraktionen sind der erste Schritt zur Kundenzufriedenheit und langfristig gesehen auch die Basis für Kundenloyalität.[18]

Um Kundenzufriedenheit zu messen, gibt es verschiedene Möglichkeiten. Weit verbreitet ist die Variante, den sogenannten Net Promoter Score (NPS)[19] zu erheben. Zur Messung des NPS werden die Antworten von Kunden auf eine einzige Frage ausgewertet: *„Wie wahrscheinlich ist es, dass Sie [Unternehmen*

---

[15] Vgl. Bloemer, J.; Kasper, H. (1995), S. 313.

[16] Vgl. Reichheld, F. F. (2003), S. 48 f.; Foscht, T. et al. (2015), S. 243.

[17] Vgl. Reichheld, F. F. (2003), S. 48 f.

[18] Vgl. Bloemer, J.; Lemmink, J. (1992), S. 355; Gronholdt, L. et al. (2000), S. 512.

[19] Net Promoter® Score ist eine eingetragene Marke von Bain & Company, Inc., Fred Reichheld und Satmetrix Systems, Inc.

X] einem Freund oder Kollegen weiterempfehlen werden?".[20] Die Antwortmöglichkeit ist auf einer Skala von 0 (sehr unwahrscheinlich) bis 10 (sehr wahrscheinlich) auszuwählen. Nach Auswertung der Ergebnisse weist der NPS die relative Anzahl der „Promotoren" gegenüber den „Kritikern" aus. Es können Werte zwischen -100 % und 100 % erreicht werden.[21] Die Vorteile dieser Erhebungsmethode sind die Einfachheit und der statistisch nachgewiesene Zusammenhang zwischen Weiterempfehlungsquote und Wachstumsrate eines Unternehmens.[22] Trotz Kritik seitens der Marktforschung an dem NPS hat sich seit Veröffentlichung die Methodik der Erhebung nicht verändert, sondern sich sogar am Markt etabliert.[23]

Die gemessenen NPS der Versicherungsbranche weisen zwischen dem am besten und am schlechtesten bewerteten Versicherer große Diskrepanzen auf. Bain & Company und Research Now haben im Zeitraum 2016/17 mithilfe von Kundenbefragungen den NPS für in Deutschland tätige Versicherer erhoben. In der Sachversicherung gibt es 14 Ergebnisse (n ≥ 200) zwischen - 11 % und 38 %. Für die Lebensversicherung werden 12 Ergebnisse (n ≥ 200) mit einer Reichweite von - 31 % bis 23 % ausgewiesen. Bis auf wenige Ausnahmen haben sich alle NPS der bewerteten Versicherungsunternehmen in dem zweijährigen Beobachtungszeitraum verbessert. Auffällig in der Sachversicherung ist der deutliche Abstand zwischen der HUK-COBURG mit einem Anteil von 38 % Promotoren, der HUK24 mit 36 % Promotoren und dem dritten sowie vierten Platz mit nur noch 20 % bzw. 13 % Promotoren. Es wird deutlich, dass der HUK-Konzern es schafft, seine Kunden zu begeistern. In der direkten Gegenüberstellung von Sach- und Lebensversicherung zeigt sich, dass in

---

[20] Reichheld, F. F. (2003), S. 50.

[21] Vgl. Reichheld, F.; Seidensticker, F.-J. (2006), S. 29 f.

[22] Vgl. Reichheld, F. F. (2003), S. 52 f.

[23] Beispielsweise Keiningham, T. L. et al. (2007); Ruf, S. (2007).

Deutschland tätige Lebensversicherer sich schwerer tun die eigenen Kunden zu begeistern. Lediglich vier der abgebildeten Versicherer haben überhaupt einen positiven NPS erzielen können.[24] Insgesamt sind am Markt nur einige wenige Versicherer mit loyalen Kunden zu beobachten. Die Mehrheit der Unternehmen kämpft mit geringen Weiterempfehlungsquoten.[25] Dieses Phänomen tritt jedoch nicht nur in Deutschland auf.[26]

Woran liegt es, dass nur wenige Versicherer es schaffen, Kunden von ihren Produkten und Dienstleistungen zu überzeugen? Ein zentraler Grund für die oftmals ausbleibende Kundenzufriedenheit und -loyalität liegt in der Natur des immateriellen Versicherungsproduktes.[27] Die meisten Kunden sehen Versicherungen als notwendiges Übel an und sind nicht erfreut, wenn sie sich mit dem Thema auseinandersetzen müssen.[28] Weitaus bedeutender jedoch ist die äußerst geringe Kontaktfrequenz zwischen Kunde und Anbieter. Zusätzlich erschwerend ist, dass aufgrund mangelnder Wahrnehmbarkeit viele der Kunden dem erbrachten Versicherungsschutz nicht die angemessene Wertschätzung beipflichten.[29] Weniger als die Hälfte der Versicherungskunden hat wenigstens einmal jährlich Kontakt zu ihrem Versicherungsunternehmen.[30] Am Beispiel der Kfz-Versicherung wird die Problematik der Versicherer nachfolgend verdeutlicht. Im Durchschnitt kaufen sich Verbraucher alle sechs Jahre ein neues Fahrzeug.[31] Im Moment des Autokaufs oder kurz danach wird der Kontakt zu einer Kfz-Versicherung gesucht. Nach dem Erwerb der Versicherung bestehen

---

[24] Vgl. Naujoks, H. et al. (2017a), S. 6.
[25] Vgl. Ebd., S. 4; Ralph, O. (2018).
[26] Vgl. Naujoks, H. et al. (2017b), S. 10 f.
[27] Vgl. Ebd., S. 1.
[28] Vgl. Wheeler, K. (2018), S. 1 f.
[29] Vgl. Völler, M. (2016), S. 12.
[30] Vgl. Naujoks, H. et al. (2017a), S. 4.
[31] Vgl. Ebd.

bislang kaum wertschöpfende Anknüpfungspunkte, um Kundenkontakt herzu-
stellen; weder vonseiten des Versicherers noch des Kunden. Der Versicherer
meldet sich jährlich mit der Rechnung für das kommende Versicherungsjahr,
was selten zu Begeisterung beim Kunden führt. Im Falle einer Kündigung, dem
Wunsch nach Leistungsanpassung oder eines versicherten Schadens nimmt
der Kunde den Kontakt zum Versicherer auf. Der Großteil der Kunden bleibt
jedoch jahrelang ohne Schadenfall. Durchschnittlich haben gerade einmal 8 %
der Sachversicherungskunden im Jahr einen Schaden.[32] Sollte es während der
Vertragslaufzeit zu keinem Schadenfall kommen, hat der Versicherer nicht einmal die Chance, durch hervorragende Schadensteuerung und damit verbundene Serviceleistungen, den Kunden zu begeistern.[33] Als Folge daraus wird
aufgrund fehlender Serviceerlebnisse und geringer Kundeninteraktionen für
viele Versicherungsnehmer der Preis zum primären Unterscheidungsmerkmal
zwischen den verschiedenen Anbietern.[34] Besonders kritisch ist dieses Verhalten bei derart austauschbaren Produkten wie Versicherungen. Eine Differenzierung von den Wettbewerbern gewinnt an Bedeutung.

Erschwerend zu den geringen Kundeninteraktionen innerhalb der Versicherungsbranche kommt die Tatsache hinzu, dass andere Branchen durch begeis-
ternden Kundenservice und hochfrequente Kontaktpunkte die Erwartungen der
Kunden deutlich erhöhen. Obwohl Unternehmen wie Amazon, Google und Facebook vollkommen andere Dienstleistungen erbringen, werden die hier erleb-
ten Serviceleistungen auch von Versicherern erwartet.[35] Anhand der ermittelten

---

[32] Völler, M. (2018).
[33] Vgl. Wheeler, K. (2018), S. 1 f.
[34] Vgl. Naujoks, H. et al. (2017a), S. 4.
[35] Vgl. Völler, M. (2016), S. 12 ff.; Roßbach, S. et al. (2018), S. 1.

NPS kann deutlich erkannt werden, dass nur wenige Versicherer in der Lage sind, diesen Erwartungen gerecht zu werden.

2.2 Technologische Entwicklungen

Branchenübergreifend müssen Unternehmen ihre Sach- und Dienstleistungen laufend an die immer schneller agierenden Märkte anpassen. Die Versicherungswirtschaft ist besonders aufgrund ihrer alten IT-Infrastrukturen gefordert, sich an die heutigen Begebenheiten anzupassen. Die frühzeitige Identifizierung und Analyse neuer Technologien ist dabei Grundvoraussetzung, um nicht den Anschluss zu verlieren. Eine Umfrage unter mehr als 100 Versicherungsvorständen aus dem Jahr 2017 hat diese These bestätigt. 36 % der Befragten sieht die Mehrheit neuer aufkommender Technologien als größtes Risiko für die Branche an. Dem Risiko entsprechend haben die Themen „Innovationen erarbeiten" (25 %) sowie „datengetriebene Prozesse etablieren" (25 %) die höchsten Prioritäten unter den Managern.[36]

Im IT-Trend Radar 2018 der Munich Re wurden die vier Kernbereiche Kundenzentrierung, vernetzte Welt, künstliche Intelligenz sowie disruptive Technologien als relevante technologische Entwicklungen identifiziert. Neben der Clusterung der Trends werden auch noch Empfehlungen zum Umgang gegeben. Unterschieden wird dabei zwischen „adopt", sich ernsthaft mit dem Trend beschäftigen, „assess", den Einfluss auf das eigene Unternehmen näher untersuchen und „watch", weitere Entwicklungen beobachten. Die Autoren der Studie halten u. a. die Entwicklungen in den Bereichen Wearables sowie Internet of Things (IoT) für die relevantesten Trends 2018. Darüber hinaus wird empfohlen, die Entwicklungen entsprechend im Unternehmen zu analysieren und zu bearbeiten. Neben den aufgeführten Trends werden in der Veröffentlichung

---

[36] Vgl. Reader, G. et al. (2017), S. 7 f.

2018 erstmals digitale Ökosysteme erwähnt. Der Experteneinschätzung zufolge werden Unternehmen definitiv von digitalen Ökosystemen beeinflusst, jedoch sollten erst einmal nur direkt betroffene Abteilungen Bearbeitungsmöglichkeiten prüfen.[37]

Wearables, wearable devices und wearable technology sind alles Synonyme für dieselbe Produktgruppe. Darunter werden Sensoren und Computer verstanden, die in Gegenständen, Kleidung oder Schmuckstücken eingearbeitet sind und bequem vom Kunden getragen werden können. Getragen werden Wearables auf dem Kopf (Brillen, Headsets)[38], im Auge (Kontaktlinsen)[39], am Handgelenk (Uhren, Armbänder)[40], am Körper (Kleidung)[41] oder an den Füßen (Schuhe)[42].[43] Heutzutage finden Wearables bereits in einer Vielzahl von Bereichen Anwendung. Von der Medizin, Wellness, Sport und Fitness, Kommunikation und Mode bis hin zur Industrie.[44] Dem Trend der Wearables wird aktuell ein weltweites Wachstum von rund 13 % jährlich zugeschrieben.[45]

Internet of Things wurde 2003 durch die Europäische Kommission wie folgt definiert: Physische Objekte, die sowohl kabellos als auch kabelgebunden untereinander verbunden sind und ein Netzwerk bilden, werden als Internet of Things bezeichnet. IoT-Geräte speichern, verarbeiten und teilen Informationen

---

[37] Vgl. Munich Re et al. (2018), S. 14–17.

[38] Vgl. Mags (2017).

[39] Vgl. Otis, B.; Parviz, B. (2014).

[40] Vgl. Rawassizadeh, R: et al. (2015), S. 45; Fitbit (2018).

[41] Vgl. Studio Roosegaarde (2018).

[42] Vgl. Digitsole (2018).

[43] Vgl. Shrestha, P.; Saxena, N. (2017), S. 1 f.

[44] Vgl. Ebd., S. 3 f.

[45] Vgl. Buss, S. et al. (2018), S. 10.

innerhalb eines Netzwerks.[46] Beispiele dafür sind Sensoren in Leitungswasser-rohren,[47] intelligente Einbruchssysteme,[48] aber auch Haushaltsgeräte,[49] die sich kabellos bedienen lassen.[50] Schätzungen von Gartner zufolge werden bis 2020 in rund 95 % der neuen Produkte IoT-Sensoren verbaut sein.[51]

Wie in diesem Abschnitt verdeutlicht wurde, gibt es stark wachsende technolo-gische Trends, deren Auswirkungen auf die Versicherungsbranche noch unbe-kannt sind. Mögliche Bearbeitungsstrategien werden von Managern initiiert, um bestmöglich auf Entwicklungen reagieren zu können.

2.3 Branchenfremde Wettbewerber

Unter branchenfremden Wettbewerbern werden alle Unternehmen verstanden, die das Versicherungsgeschäft nicht als ihre Kernkompetenz verstehen. Origi-nal Equipment Manufacturer (OEM) sind ein Beispiel für Unternehmen, die durch den Aufbau eigener Risikoträger in den Versicherungsmarkt eingedrun-gen sind. Autohersteller vervollständigen durch das Angebot von Versiche-rungsprodukten ihr Leistungsportfolio und können so die Nachfrage ihrer Kun-den nach Mobilität vollständig abdecken. Volkswagen hat in Kooperation mit der Allianz 2012 die Volkswagen Autoversicherung AG gegründet. So wurden Autokäufern 2016 Neufahrzeuge als Komplettpaket angeboten. In einer Finan-zierungsrate waren neben Wartung und Inspektion auch die (subventionierte)

---

[46] Vgl. Commission of The European Communities (2008), S. 3 f.; Wright, M.; Richey, R. (2009), S. 41.

[47] Vgl. Grohe (2018).

[48] Vgl. ABUS-Sicherheitstechnik und Einbruchschutz (2018).

[49] Vgl. Lewicki, M. (2017).

[50] Vgl. Hoffman, D. L.; Novak, T. P. (2018), S. 1179 f.

[51] Vgl. Laney, D.; Jain, A. (2017).

Kfz-Versicherung enthalten.[52] Darüber hinaus boten 2016 bereits 80 % aller Markenhändler ihren Kunden Kfz-Versicherungen an.[53] Obwohl Versicherer als Risikoträger in diesen Kooperationen mitarbeiten und auch -verdienen, verlieren sie dennoch den Zugang zur Kundenschnittstelle und werden zu reinen Risikoträgern degradiert.

Weitere Wettbewerber aus den letzten Jahren sind InsurTechs. Ob als vollständige, meist digitale, Versicherer, mit eigenem Risikoträger oder in anderer Form, bringen sie Bewegung in die Branche. Das laute Auftreten der Gründer und die ursprüngliche Angst vor den InsurTechs hat sich mittlerweile gelegt. Einige wenige der Neugründungen haben sich zu Konkurrenten weiterentwickelt,[54] die meisten sind jedoch wieder vom Markt verschwunden oder kooperieren heute als Dienstleister mit den etablierten Versicherern.[55]

Ein weiterer bedeutender Wettbewerber sind Aggregatoren bzw. Online-Vergleichsportale. Diese Plattformen erlauben es den Nutzern, sich einen schnellen Überblick über die am Markt vorhandenen Versicherungen zu verschaffen und diese auch rechtskonform abzuschließen. Hervorzuheben ist der deutliche Anstieg der Transparenz von unterschiedlichen Versicherungsprodukten und Preisen.[56] Im Bereich der Kfz-Versicherung sind Online-Vergleichsportale, wie Check24, mittlerweile einer der wichtigsten Vertriebskanäle für deutsche Versicherer.[57]

---

[52] Vgl. Volkswagen Financial Services AG (2018a); Gröger, Anne-Christin/Gentrup, Anna (2016).

[53] Vgl. Neumann, P. (2017).

[54] Beispielhaft seien Coya, Element, FRIDAY und ottonova erwähnt.

[55] Vgl. Kottmann, D.; Dördrechter, N. (2017), S. 5; Capgemini/Efma (Hgg.) (2018), S. 48 f.

[56] Vgl. Wagner, F. (Hg.) , S. 966 ff.; Naujoks, H. et al. (2017c), S. 1.

[57] Vgl. Wagner, F. (Hg.) , S. 969 f.; Max, C. (2018), S. 32 f.

Der Eintritt eines weiteren Marktteilnehmers erscheint durch zunehmende Veröffentlichungen in der Fachpresse immer realistischer. Verschiedene Fachzeitschriften berichten von Meldungen, dass Amazon den Einstieg in den europäischen Versicherungsmarkt vorbereitet. Stellenausschreibungen mit Versicherungsexpertise für den Standort London und das aktive Abwerben von Mitarbeitern anderer Versicherungsunternehmen sind deutliche Anzeichen für das Vorhaben.[58] Wohl am deutlichsten sind jedoch die erkennbaren Aktivitäten am europäischen Versicherungsmarkt. Mit Amazon Protect bietet Amazon für elektronische Artikel, die über Amazon erworben worden sind, Produktversicherungen an. Seit 2016 ist das Angebot in England verfügbar, mittlerweile auch in Deutschland und anderen Ländern.[59] Darüber hinaus steigt Amazon Web Services 2018 als Partner beim InsurLab Germany e. V. ein,[60] investiert über 10 Mio. Euro in ein indisches InsurTech für Insassenversicherungen[61] und kündigt an, in Kooperation mit JPMorgan und Berkshire Hathaway eine Krankenversicherung für Mitarbeiter in den USA zu gründen.[62]

Insgesamt ist festzuhalten, dass neben dem intensiven brancheninternen Wettbewerb der Eintritt von versicherungsfremden Unternehmen den bereits bestehenden Druck auf den Markt noch weiter erhöhen wird. Das Versicherungsgeschäft lockt trotz hoher Eintrittsbarrieren und der vorhandenen Kapitalintensität neue Marktteilnehmer an.[63] Die geringe Frequenz von Kundeninteraktionen birgt dabei die besondere Gefahr, dass Wettbewerber mit intensiven Kundenbeziehungen die Kundenschnittstelle der Versicherer besetzen könnten und

---

[58] Vgl. Fromme, H. (2017); Cohn, C.; Noor Zainab, H. (2017); Frost, J. (2018).
[59] Vgl. Amazon (2018a); Gangcuangco, T. (2017).
[60] Vgl. InsurLab Germany e.V. (2018).
[61] Vgl. Bergfeld, B. (2018).
[62] Vgl. GlobalData Financial Services (2018).
[63] Vgl. Bundesanstalt für Finanzdienstleistungsaufsicht (2011).

Versicherer damit als Teil ihres Leistungsportfolios zu reinen Risikoträgern degradieren.[64]

2.4   Zwischenfazit zu aktuellen Entwicklungen

Aktuell befindet sich die Versicherungsbranche in einem schnell agierenden Umfeld. Neben den internen Herausforderungen geringer Kundeninteraktionen bedrängen die Unternehmen weitere externe Widerstände. Technische Entwicklungen gilt es zu analysieren und für die eigenen Zwecke zu gebrauchen. Neben den bekannten Marktteilnehmern sind besonders branchenfremde Akteure in der Lage, den bestehenden Wettbewerbsdruck noch weiter zu erhöhen. Insgesamt gibt es eine Vielzahl von Veränderungen am Markt, die sowohl Risiko aber auch Chance für die etablierten Versicherer sein können. Aktuell haben noch alle Teilnehmer die Möglichkeit, ihre Zukunft selbstbestimmt mitzugestalten.

3   Digitale Ökosysteme

In dem nachfolgenden Kapitel wird der Begriff der digitalen Ökosysteme definiert sowie die dazugehörigen Grundlagen erläutert. Es wird auf den biologischen Ursprung von Ökosystemen eingegangen, die Entwicklung zum digitalen Ökosystem eingegangen sowie die grundsätzliche Funktionsweise erläutert. Die im vorherigen Kapitel aufgegriffenen Entwicklungen in der Versicherungsbranche werden nachfolgend zu digitalen Ökosystemen in Relation gesetzt.

---

[64] Vgl. Hocking, J. et al. (2015), S. 2, 10; Naujoks, H. et al. (2017a), S. 8.

3.1 Definition und Grundlagen

Die Herkunft des Begriffs der Ökosysteme ist auf die Ökologie zurückzuführen. Innerhalb der Ökologie werden unter Ökosystemen die Wechselbeziehungen zwischen Lebewesen und Mikroben (Biozönosen) sowie dem Lebensraum (Biotop) verstanden. Innerhalb von Ökosystemen sind alle Lebewesen und Objekte für den Erhalt des Systems von Bedeutung. Eine isolierte Betrachtung einzelner Komponenten ist aufgrund der starken gegenseitigen Abhängigkeiten nur eingeschränkt möglich. Alle erkennbaren Ereignisse eines Ökosystems sind die direkten und indirekten Ergebnisse des Zusammenspiels aller beteiligten Organismen. Bereits bei kleinsten Veränderungen von Rahmenparametern stellen sich die Lebewesen und Objekte neu aufeinander ein.[65] Unterschiede zwischen Ökosystemen sind hauptsächlich in dem Zusammenspiel der Beteiligten zu erkennen. Umso besser die Zusammenarbeit untereinander, der Zugang zu verfügbaren Ressourcen sowie die Nutzung und Auslastung des Lebensraums funktioniert umso besser können die Mitglieder auch von den positiven Effekten des Systems profitieren. Dennoch stehen die Teilnehmer gleichzeitig auch im Wettbewerb untereinander. Es gilt also sich bestmöglich an die Begebenheiten des Ökosystems anzupassen. Sind außenstehende Lebewesen oder Mikroben in der Lage sich besser dem Ökosystem anzupassen, so kommt es zum Verdrängungswettbewerb. Als Beispiele für Ökosysteme in der Ökologie seien Steh- und Fließgewässer, Wälder sowie Wüsten genannt.[66]

Von der Ökologie übernommen, wird das Konzept der Ökosysteme in der Literatur für wirtschaftliche Zusammenhänge bereits seit Jahrzehnten verwendet.[67]

---

[65] Vgl. Tansley, A. G. (1935), S. 299 f.
[66] Vgl. Levin, S. A. (1998), S. 432 f.
[67] Vgl. Burton, B. et al. (2017).

1993 beschrieb James Moore bereits sogenannte Business Ökosysteme.[68] Nach Moore zeichnen sich Business Ökosysteme dadurch aus, dass Unternehmen sowohl in losen Netzwerken[69] kooperativ aber gleichzeitig auch wettbewerbsorientiert zusammenarbeiten. Diese Form der Zusammenarbeit nennt sich Coopetition; eine Verschmelzung der Wörter „cooperation" und „competition", also Kooperation und Wettbewerb.[70] Zweck des Zusammenarbeitsmodells ist es durch Erweiterung der eigenen Ressourcen und Kompetenzen noch besser bestehende Kundenbedürfnisse zu befriedigen, neue Produkte zu entwickeln und letztendlich Innovationen hervorzubringen. In ihrem Handeln arbeiten die Unternehmen dabei branchenübergreifend zusammen, sodass diese Teil eines sogenannten Business Ökosystems werden.[71] Innerhalb von Ökosystemen beeinflussen sich die teilnehmenden Anbieter und entwickeln dabei gegenseitige Abhängigkeiten.[72] In einer späteren Veröffentlichung erweitert Moore seine vorherige Definition. Er beschreibt das Konzept von Business Ökosystemen als Verbindung unterschiedlicher Firmen mit sich ergänzenden Dienstleistungen.[73] Innerhalb der Ökosysteme spezialisieren sich einzelne Anbieter zum Teil auf ganz bestimmte Teile der Wertschöpfungskette.[74]

Obwohl Business Ökosysteme in der Literatur unterschiedlich definiert werden, bleiben die beschriebenen Systeme inhaltlich und in ihren zentralen Funktionen gleich. Im Vergleich mit Definitionen heutiger digitaler Ökosysteme haben sich die Geschäftsmodelle nicht außerordentlich verändert. Bereits in den ersten

---

[68] Vgl. Moore, J. (2006), S. 38 f.
[69] Vgl. Iansiti, M.; Levien, R. (2004), S. 69.
[70] Vgl. Nalebuff, B.; Brandenburger, A. (1997), S. 28.
[71] Vgl. Moore, J. (1993), S. 76.
[72] Vgl. Iansiti, M.; Levien, R. (2004), S. 69.
[73] Vgl. Moore, J. (2006), S. 53.
[74] Vgl. Ebd., S. 34.

Veröffentlichungen lässt sich das kundenzentrierte Denken erkennen.[75] Studien und Artikel zu Business Ökosystemen betonen immer wieder die Synergieeffekte, die durch Kooperationen entstehen.[76] Genauso wird herausgestellt, dass Ökosysteme für ständigen Erfolg regelmäßig Innovationen entwickeln müssen.[77]

Mit technologischem Fortschritt bieten sich Unternehmen neue Möglichkeiten für Geschäftsmodelle und so hat sich auch der Begriff der Business Ökosysteme hin zu digitalen Ökosystemen weiterentwickelt. Bisher hat sich keine einheitliche Definition der Begrifflichkeit durchgesetzt. Ein Grund dafür könnte das differenzierte Verständnis digitaler Ökosysteme sowohl in der Literatur als auch in der Praxis sein. Nachfolgend werden einige der vorhandenen Definitionen aus der Sekundärliteratur aufgeführt, um schließlich eine für die Arbeit geltende Definition festzulegen. Die zitierten Studien haben einen deutlich praxisorientierteren Hintergrund als die eingangs aufgeführten rein akademischen Forschungen.

Der Begriff des Ökosystems wird in einer Studie von Bain & Company aus dem Jahr 2017 als Synonym für Servicenetzwerke im Versicherungskontext benutzt.[78] Betont wird, dass ein nahtloser Übergang zwischen Versicherungsleistungen und branchenfremden Dienstleistungen besteht.[79] In einer weiteren Studie aus demselben Jahr wird der Kundennutzen hervorgehoben, den das Ökosystem generieren muss.[80] Trotz der oberflächlichen Begriffserklärung wird der bereits bekannte Aspekt der Kundenzentrierung deutlich. Darüber hinaus wird

---

[75] Vgl. Ebd., S. 52 ff.
[76] Vgl. Adner, R. (2006), S. 100.
[77] Vgl. Evans, S.; Bahrami, H. (1995), S. 80.
[78] Vgl. Naujoks, H. et al. (2017a), S. 4.
[79] Vgl. Ebd., S. 13 f.
[80] Vgl. Naujoks, H. et al. (2017c), S. 4.

ein nahtloser Übergang zwischen branchenübergreifenden Services betont, den die bisherigen Definitionen der Business Ökosysteme nicht herausstellten.

Accenture legt in einer 2017 veröffentlichten Studie eine technischere Definition digitaler Ökosysteme zugrunde. Der Fokus liegt auf der branchenübergreifenden Zusammenarbeit von Unternehmen, um Kunden eine Vielzahl von Produkten und Services über eine Plattformlösung anzubieten.[81] Der Kunde kann dabei bequem über die Plattform auf das Angebot zugreifen. Die Plattform wird zu einem zentralen Baustein des Systems.[82] Die Studie erwähnt eine weitere Eigenschaft digitaler Ökosysteme und zwar die Möglichkeit, detaillierte Kundendaten zu erheben und auszuwerten. Durch Analyse des Kundenverhaltens können im Anschluss an die Auswertung personalisierte Produkte entwickelt werden, was voraussichtlich zu ansteigenden Kundenerlebnissen führt.[83]

Auch für McKinsey & Company ist die Kundenzentrierung und Benutzerfreundlichkeit digitaler Ökosysteme eine der zentralen Eigenschaften. Wie auch in der vorherigen Definition wird das Angebot von Produkten und Services über eine Plattform ermöglicht.[84] Zusätzlich zu den bereits bekannten Eigenschaften identifizieren die Untersuchungen der Studie gegenseitige Abhängigkeiten der Teilnehmer in digitalen Ökosystemen. Weiterhin wird betont, dass nicht nur Kunden von der Zusammenarbeit profitieren, sondern alle Stakeholder des Netzwerks.[85] Es besteht eine Win-win-Situation.

Der 2018 veröffentlichte World Insurance Report legt besonderen Wert auf den effizienten Informationsaustausch zwischen den beteiligten Parteien. Nur durch

---

[81] Vgl. Rapberger, W.; Schimmer, M. (2017), S. 2.

[82] Vgl. Cusano, J.; Starrs, A. (2017), S. 21 f.

[83] Vgl. Rapberger, W; Schimmer, M. (2017), S. 2 ff.; Capgemini/Efma (Hgg.) (2018), S. 30.

[84] Vgl. Dietz, M. et al. (2017), S. 4 f.

[85] Vgl. Schwartz, D. et al. , S. 1.

das Teilen gesammelter Informationen kann das Ökosystem benutzerfreundliche und nahtlos ineinander übergreifende Dienstleistungen entwickeln sowie
neue Zielgruppen erschließen.[86]

Nachfolgend werden die wichtigsten Eigenschaften digitaler Ökosysteme noch
einmal übersichtlich aufgeführt und um weitere Aspekte ergänzt. Den Mittel-
punkt jedes digitalen Ökosystems stellen die Kunden und ihre Bedürfnisse dar.
Digitale Ökosysteme setzen sich aus Unternehmen verschiedener Branchen
zusammen. Sie versuchen den Kunden durch ihr umfangreiches Angebot ma-
ximalen Kundennutzen sowie Kundenerlebnisse zu generieren. Umgesetzt
werden soll das Bestreben mithilfe von neuen, einzigartigen Sach- und Dienstleistungen, die erst durch die Zusammenarbeit verschiedenster Teilnehmer entstehen. Die wichtigste Eigenschaft digitaler Ökosysteme und auch deutliches
Unterscheidungskriterium zu reinen Kooperationen ist die Verwendung modernster Technologien. Die plattformartigen Strukturen, die Anbindung von
Partnerunternehmen sowie die Datenerhebung und -auswertung zeichnen das
Konzept digitaler Ökosysteme aus. Kunden greifen aufgrund der Plattformen
über einen einheitlichen Zugang auf alle angebotenen Dienstleistungen zu. Die
dabei erhobenen Kundendaten erlauben es, Verhaltensmuster und Vorlieben
zu analysieren sowie innerhalb des Ökosystems zu teilen.[87] Mithilfe von Appli-
cation Programming Interfaces (API) werden die Dienstleister an die Ökosysteme angebunden. Die technische Anbindung ist Grundvoraussetzung für effiziente Datenverarbeitung.[88]

---

[86] Vgl. Capgemini/Efma (Hgg.) (2018), S. 56 f.
[87] Vgl. Balasubramanian, R. et al. (2018), S. 4.
[88] Vgl. Schwartz, D. et al. (2017), S. 5; Roßbach, S. et al. (2018), S. 3.

Aus den dargestellten Eigenschaften und Anforderungen ergibt sich nachfolgend die für die Arbeit relevante Definition digitaler Ökosysteme.

Vollständig entwickelte und digitale Ökosysteme ermöglichen Kunden über einen technischen Zugriffspunkt auf branchenübergreifende Sach- und Dienstleistungen unterschiedlicher Anbieter zuzugreifen. Durch die Erhebung zahlrei-
cher Kundendaten und die fortschreitenden technischen Entwicklungen innerhalb der Datenanalysen können Endverbraucher zunehmend personalisierter
angesprochen und mit hochindividuellen Sach- und Dienstleistungen bedient
werden. Digitale Ökosysteme können Kunden punktuell aber auch über gesamte Lebensphasen hinweg begleiten. Eine einheitliche Führung und Sicher-
stellung von Qualitätsstandards wird durch den Orchestrator des Ökosystems
sichergestellt.

Das Verständnis digitaler Ökosysteme der befragten Experten deckt sich mit
der für die Arbeit zugrunde gelegten Definition.[89]

Neben der Definition digitaler Ökosysteme gehören auch die Rollen der teilnehmenden Unternehmen zu den Grundlagen. Insgesamt wird zwischen vier verschiedenen Rollen unterschieden. Ein Unternehmen kann jederzeit mehr als
nur eine Rolle gleichzeitig in demselben Ökosystem besetzen:

- Orchestrator,
- Plattformbetreiber (IT-Infrastruktur),
- Anbieter von Sach- und Dienstleistungen sowie
- Endverbraucher.[90]

---

[89] Vgl. Experteninterview.
[90] Vgl. Iansiti, M.; Levien, R. (2004), S. 73 f.; Alstyne, M. W. Van et al. (2016), S. 56; Hocking, J. et
al. (2015), S. 5.

Der **Orchestrator** ist das führende Unternehmen in digitalen Ökosystemen.[91] Er entscheidet über die grundsätzlichen Rahmenbedingungen der Zusammenarbeit sowie darüber, welche Anbieter und Produkte an dem Ökosystem teilhaben dürfen und beeinflusst somit den Erfolg oder Misserfolg des gesamten Netzwerkes am meisten.[92] Neben organisatorischen und rechtlichen Aufgaben verantwortet das führende Unternehmen auch die Zusammenarbeit der einzelnen Teilnehmer in dem System. Es gilt zu koordinieren, wie sinnvoll und vor allem effizient zusammengearbeitet werden kann.[93] Bei Interessenkonflikten zwischen Parteien in dem Ökosystem ist das führende Unternehmen in der Pflicht diese zu lösen. Ein Beispiel für einen möglichen Interessenkonflikt ist die Expansion in neue Märkte, die bereits von Ökosystemteilnehmern bearbeitet werden.[94] Der Orchestrator fungiert als einzige direkte Kundenschnittstelle.[95] Neben der Koordination der Kundendaten[96] definiert er auch, welche Kunden zu welchen Anbietern weitergeleitet werden.[97] Die Marke des Orchestrators ist das Aushängeschild des digitalen Ökosystems und somit der erste Kontaktpunkt zum Kunden. Abhängig von der Ausgestaltung des Netzwerks treten im weiteren Verlauf der Kundenbeziehung die Marken der Anbieter von Sach- und Dienstleistungen unterschiedlich stark in Erscheinung. Eine starke und vertrauensvolle Marke wirkt sich dabei positiv auf die Wahrnehmung des gesamten Ökosystems aus. Insgesamt trägt der Orchestrator innerhalb des digitalen Ökosystems durch den führenden Kundenzugang den Großteil der Verantwortung.

---

[91] Vgl. Iansiti, M.; Levien, R. (2004), S. 73 f.; Helvetia Versicherungen/Helvetia Innovation Lab (2018), S. 2 f.

[92] Vgl. Cusumano, M. A.; Gawer, A. (2002), S. 53, 57; Tiwana, A. et al. (2010), S. 679 f.; Alstyne, M. W. Van et al. (2016), S. 56; Moore, J. (1993), S. 79 ff.

[93] Vgl. Iansiti, M.; Levien, R. (2004), S. 73 f.

[94] Vgl. Cusumano, M. A.; Gawer, A. (2002), S. 53.

[95] Vgl. Schwartz, D. et al. , S. 3.

[96] Vgl. Cusumano, M. A.; Gawer, A. (2002), S. 53; Roßbach, S. et al. (2018), S. 2.

[97] Vgl. Naujoks, H. et al. (2017c), S. 2.

Aufgrund der Außendarstellung wird jedoch auch gleichzeitig das größte (Reputations-) Risiko eingegangen.[98]

Der **Plattformbetreiber** stellt die IT-Infrastruktur des digitalen Ökosystems zur Verfügung und verantwortet den einwandfreien Ablauf aller technischen Vorgänge. Ebenso ist er für die technische Integration der einzelnen Anbieter in das Ökosystem verantwortlich.[99] Der Orchestrator kann ebenfalls als Plattformbetreiber auftreten. In der Außendarstellung tritt der Plattformbetreiber nicht in Erscheinung.

Die (Nischen-) **Anbieter von Sach- und Dienstleistungen** bilden den eigentlichen Kern des digitalen Ökosystems. Diese Gruppe von Unternehmen stellt den Kunden ihre materiellen und immateriellen Angebote im Ökosystem zur Verfügung.[100] Obwohl diese Unternehmen überwiegend im Hintergrund agieren und keinen direkten Kundenkontakt haben, tragen sie große Verantwortung für den Erfolg des gesamten Netzwerks. Durch ihre Spezialisierung auf ausgewählte Ausschnitte der gesamten Wertschöpfungskette erschaffen sie unverkennbaren Wert für ihre Kooperationspartner.[101] Auch sind die Anbieter wesentliche Treiber für neue Produkte und Innovationen.[102] Der Orchestrator tritt in der Regel zusätzlich als Anbieter auf und stellt dem Ökosystem seine Produkte zur Verfügung.

Die vierte und letzte Rolle sind die **Endverbraucher.** Diese Gruppe schließt sich dem Ökosystem bei Bedarf an und konsumiert die angebotenen Sach- und Dienstleistungen. Die Gruppe der Endverbraucher ist wie bei den meisten

---

[98] Vgl. Adner, R. (2006), S. 107.
[99] Vgl. Alstyne, M. W. Van et al. (2016), S. 56.
[100] Vgl. Ebd.
[101] Vgl. Iansiti, M.; Levien, R. (2004), S. 77.
[102] Vgl. Cusumano, M. A.; Gawer, A. (2002), S. 53.

Geschäftsmodellen ausschlaggebend für den Erfolg oder Misserfolg des digitalen Ökosystems.[103]

Die dargestellten Rollen nehmen die jeweiligen Unternehmen nur für ein Ökosystem ein. Sobald sich die Funktion des Netzwerkes grundlegend verändert, kann ein Nischenanbieter zum Orchestrator des Netzwerks werden und andersherum. Selbst innerhalb desselben digitalen Ökosystems können sich die Verantwortungsbereiche jederzeit verschieben.[104]

Grundsätzlich muss bei digitalen Ökosystemen zwischen privaten (B2C) und geschäftlichen (B2B) Endverbrauchern unterschieden werden. Für den weiteren Gang der Arbeit werden lediglich private Endverbraucher berücksichtigt.

3.2   Entwicklungsmodell digitaler Ökosysteme

In dem vorherigen Abschnitt wurde ein vollständig entwickeltes und digitales Ökosystem beschrieben. In der Realität, unabhängig von der Versicherungswirtschaft, sind diese plattformbetriebenen Ökosysteme jedoch eher die Ausnahme als die Regel. Durch die Einführung eines Entwicklungsmodells digitaler Ökosysteme kann zwischen den verschiedenen Entwicklungsstufen der Ökosysteme differenziert werden. Eine Verwendung erscheint somit sinnvoll, um nachfolgend auch nicht vollständig entwickelte digitale Ökosysteme berücksichtigen zu können. Aufgrund der hohen Benutzerfreundlichkeit und der schnellen Skalierbarkeit von plattformbasierten Geschäftsmodellen wird angenommen, dass die Mehrheit der heute bestehenden Ökosysteme ohnehin die vollständig digitale Abbildung aller Produkte und Services anstrebt. Der aktuelle Erfolg auf Plattformen basierender Geschäftsmodelle unterstützt diese

---

[103] Vgl. Alstyne, M. W. Van et al. (2016), S. 56.

[104] Vgl. Iansiti, M.; Levien, R. (2004), S. 78.

Annahme. Nach Marktkapitalisierung basierten 2018 die Geschäftsmodelle von sieben der zehn größten Unternehmen weltweit auf Plattformen oder nutzten digitale Ökosysteme.[105]

Nachfolgend wird ein Entwicklungsmodell für digitale Ökosysteme eingeführt. Das Modell differenziert zwischen drei Kriterien. Auf der Ordinatenachse (y-Achse) wird die Zugriffsmöglichkeit des Kunden auf Sach- und Dienstleistungen innerhalb des Ökosystems abgetragen. Die Abszissenachse (x-Achse) unterscheidet zwischen der Art eingegangener Kooperationen und angebotener Services. Der Durchmesser des jeweiligen Ökosystems in dem Modell deutet die Vielfalt der angebotenen Sach- und Dienstleistungen an.

Bei dem Zugriff auf Produkte und Dienstleistungen wird zwischen drei Ausprägungen unterschieden (Ordinatenachse):

- Offline,[106]
- offline und online (hybrider Ansatz) sowie
- online (digitaler Ansatz).

Bei reinem Offline-Zugriff auf Sach- und Dienstleistungen ist das Ökosystem noch ganz am Anfang der digitalen Entwicklung. Die zweite Ausprägung des Entwicklungsmodell digitaler Ökosysteme berücksichtigt die Kombination von Online- und Offline-Zugriff auf (ausgewählte) Sach- und Dienstleistungen. Der rein onlinebasierte Zugriff auf die Funktionen des Ökosystems ist unter Berücksichtigung der digitalen Entwicklung vergleichsweise am fortschrittlichsten. Anzumerken ist bei dem Online-Zugriff, dass bei genauerer Betrachtung es

---

[105] Vgl. Forbes (2018): Apple, Amazon, Alphabet, Microsoft, Facebook, Alibaba, Tencent.

[106] Unter offline wird in diesem Modell die telefonische, schriftliche oder persönliche Kommunikation verstanden.

weitere Unterscheidungen zwischen den Anbietern gibt.[107] Alle Services können online angeboten werden, sind jedoch noch auf mehreren Plattformen ver-
teilt. Der Kunde wird bei Benutzung entsprechend auf andere Webseiten und
Plattformen weitergeleitet. Per Definition baut ein vollständig entwickeltes digitales Ökosystem jedoch auf einer Plattformlösung auf. Somit werden alle angebotenen Sach- und Dienstleistungen entsprechend auf einer einzigen Plattform
ohne Medienbrüche oder Weiterleitungen angeboten.

Bei Betrachtung der Entwicklung digitaler Ökosysteme wird deutlich, dass es
im Markt verstärkt zur Anwendung des hybriden Ansatzes kommt. Bereits vollständig digitale Ökosysteme mit Plattformlösungen entwickeln sich vermehrt zu
hybriden Ökosystemen mit Online- und Offline-Kontaktpunkten. Prominente
Beispiele dafür sind Amazon mit Amazon Go[108] und Amazon Books.[109] Tesla
mit eigenen Showrooms[110] und bereits seit 2001 Apple mit Apple Stores.[111] Bei
Betrachtung der Versicherungsbranche wird deutlich, dass die vorhandenen
Geschäftsmodelle der Unternehmen deutlich stärker auf die Offline-Kunden-
schnittstellen ausgerichtet sind. Der Kundenzugang wird in aller Regel von den
unternehmensinternen Vertriebsorganisationen kontrolliert, wodurch diese
große Bedeutung für die Branche haben. Die meisten der neu aufgebauten
Kompetenzen von Versicherungsunternehmen verstärken daher die Online-
Kundenschnittstellen. Als eine Ausnahme sei die HUK-COBURG mit der Eröffnung der HUK Autowelt erwähnt. Mit der Eröffnung eines Autohauses baut die
HUK-COBURG zusätzliche offlinebasierende und zugleich versicherungsfremde Kompetenzen auf (s. Kapitel 4).

---

[107] Nicht der grafischen Darstellung des Entwicklungsmodell zu entnehmen.
[108] Vgl. Amazon (2018b).
[109] Vgl. Jahn, T. (2018).
[110] Vgl. O'Leary, T. (2008).
[111] Vgl. Apple (2001).

Die Abszissenachse differenziert zwischen drei Ausprägungen der eingegangenen Kooperationen und angebotenen Services:

- keine Kooperationen,
- versicherungsnahe Services sowie
- versicherungsfremde Services.

Werden von dem untersuchten Unternehmen keinerlei Kooperationen eingegangen, entspricht dies der ersten Entwicklungsstufe auf der Achse. Die zweite Ausprägung beinhaltet Kooperationen mit dem Kernprodukt ähnlichen Services, hier versicherungsnahen Services. Bei branchenübergreifenden und damit meist kernproduktfremden Services befindet sich das Unternehmen entsprechend in der dritten Stufe. Per Definition stellt die dritte Entwicklungsstufe bei Berücksichtigung von Kooperationen und angebotenen Services erstmals ein Ökosystem dar, denn es wird branchenübergreifend agiert.[112]

In Abbildung 2 ist das beschriebene Entwicklungsmodell digitaler Ökosysteme abgebildet. Zum besseren Verständnis sind exemplarisch einige der Mobilitätsökosysteme in Deutschland eingetragen, die in Kapitel 4.2.2 näher erläutert werden.

---

[112] Vgl. Kapitel 3.1.

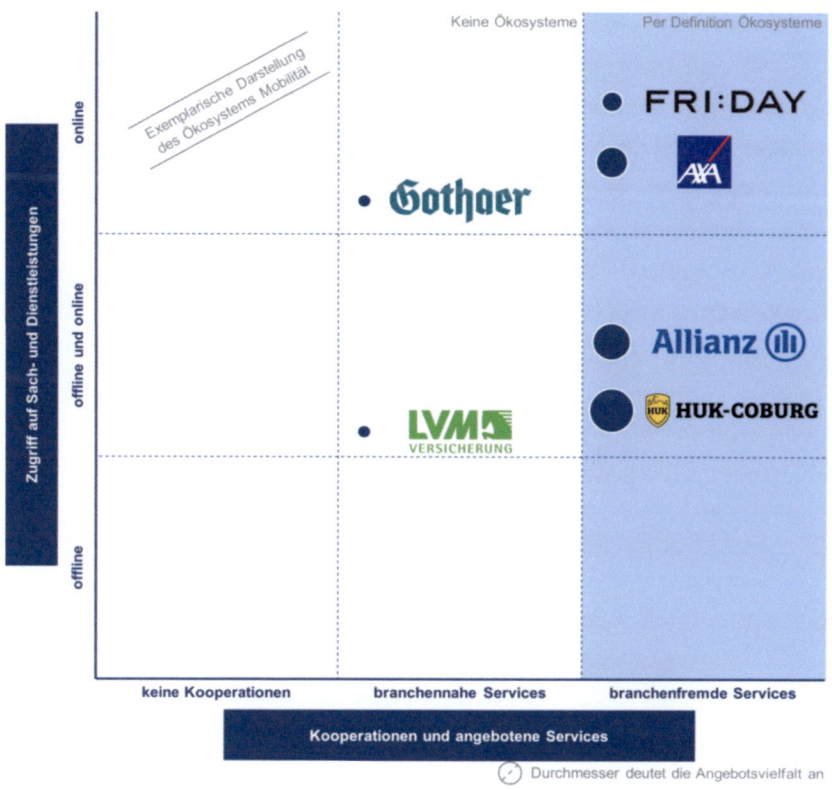

Abbildung 2: Entwicklungsmodell digitaler Ökosysteme[113]

In der Abbildung ist zu erkennen, dass es noch kein als Plattformlösung betriebenes Ökosystem in Deutschland gibt. Die exemplarisch abgebildeten Ökosysteme von FRIDAY und der AXA bieten ihre versicherungsnahen und -fremden Dienstleistungen bereits vollständig online an. Angebotene Services sind unter anderem die Online-Schadenmeldung, der Fahrzeugkauf sowie die

---

[113] Eigene Darstellung.

Unterstützung beim Parken und Tanken. Die Ökosysteme der Allianz und der HUK-COBURG bieten ebenfalls versicherungsfremde Dienstleistungen an, jedoch sind einige der Services nicht online verfügbar. Zum Medienbruch kommt es bei der Fahrzeugfinanzierung der Allianz und dem Gebrauchtwagenkauf der HUK-COBURG; die Vorgänge können nicht vollständig online abgewickelt werden. In den Netzwerken der Gothaer und der LVM Versicherung werden keine versicherungsfremden Services angeboten, wodurch die Versicherer per Definition kein Ökosystem betreiben. Die Ansätze werden dennoch berücksichtigt, um die Aktivitäten und Entwicklungen digitaler Ökosysteme abzubilden.

In dem abgebildeten Modell werden reine Vertriebskooperationen mit Check24 oder Maklern explizit ausgeschlossen und nicht berücksichtigt.

3.3   Funktionsweise und Auswirkungen

Bei digitalen Ökosystemen gibt es grundsätzlich zwei verschiedene Sichten, um die Funktionsweisen zu untersuchen: die Sicht des Kunden und die Sicht der teilnehmenden Unternehmen. Da die Kundenperspektive nicht Teil der Arbeit ist, wird nachfolgend nur auf die Sicht des digitalen Ökosystems eingegangen. Der Aufbau eines Ökosystems wird ebenfalls nicht berücksichtigt, sodass bei Erläuterung der Funktionsweise von einem bereits entwickelten und funktionierenden Ökosystem mit ausreichend Kooperationspartnern und Kunden ausgegangen wird.[114] Zum besseren Verständnis werden die theoretischen Erläuterungen partiell anhand des digitalen Ökosystems von Amazon erläutert.

Sowohl das Konzept als auch die Funktionsweise digitaler Ökosysteme setzen sich aus den Leistungen der einzelnen Teilnehmer zusammen. Durch die branchenübergreifende Kombination komplementärer Unternehmen werden die

---

[114] Siehe Kapitel 1.

jeweiligen Kernkompetenzen so verschmolzen, dass neue Sach- und Dienstleistungen entstehen können. Einzelne Unternehmen sind aufgrund mangelnder Fähigkeiten und Ressourcen nicht in der Lage denselben Mehrwert zu generieren.[115]

Wie in der folgenden Darstellung gezeigt, kann die Funktionsweise von digitalen Ökosystemen in vier elementare Bestandteile unterteilt werden: **Kundenattraktion**, **Kundeninteraktion**, **Kundenbindung** sowie **Kundendaten**.

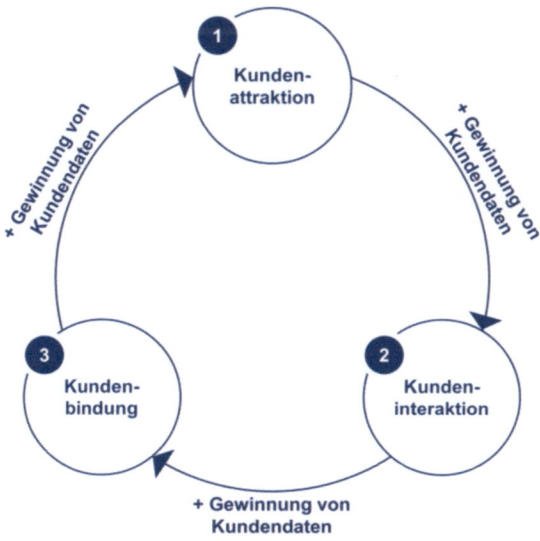

Abbildung 3: Funktionsweise digitaler Ökosysteme[116]

Kundenattraktion bedeutet, dass (Neu-) Kunden durch Innovationen, angebotene Produkte, Dienstleistungen und die damit verbundenen Mehrwerte mit

---

[115] Vgl. Hocking, J. et al. (2015), S. 5.
[116] Eigene Darstellung.

dem digitalen Ökosystem in Berührung treten wollen. Ebenfalls könnten Marketingmaßnahmen das Interesse der potenziellen Kunden geweckt haben. Ein ganz zentraler Effekt bei der Kundenattraktion ist der sogenannte Netzwerkeffekt. Der Netzwerkeffekt beschreibt das Zusammenspiel zwischen Anbietern und Kunden in einem Ökosystem oder auf einer Plattform. Je mehr Anbieter ihre Sach- und Dienstleistungen in dem Ökosystem zur Verfügung stellen, desto attraktiver wird das Netzwerk für Kunden. Mehr aktive Kunden auf einer Plattform bedeuten wiederum einen größeren Mehrwert für Anbieter, sodass weitere Angebote auf der Plattform veröffentlicht werden. Es entsteht ein Kreislauf, der digitale Ökosysteme für Außenstehende immer attraktiver werden lässt.[117] Netzwerkeffekte sind elementar für jedes Geschäftsmodell, das auf Plattformen basiert. Sie haben sogar das Potenzial Monopole zu erschaffen.[118] So erzielte Amazon 2017 einen Marktanteil am Online-Handel von über 43 % in den USA.[119] In Deutschland kam Amazon im Jahr 2017 auf rund 47 % Marktanteil, Tendenz steigend.[120] Zusammengefasst beschreibt der Netzwerkeffekt, wie sowohl Verbraucher als auch die Anbieter voneinander profitieren und gegenseitig Wert erschaffen. Am Beispiel von Amazon bedeutet die Kundenattraktion, dass auf dem Marktplatz eine Vielzahl von Marken und Produkten zu konkurrenzfähigen Preisen angeboten werden, wodurch sich Amazon einen enormen Kundenstamm aufbauen konnte. Innerhalb eines Kaufprozesses gehen 80 % der Kunden mindestens einmal auf den Marktplatz von Amazon.[121] 2016 waren 80 % der 16- bis 75-Jährigen in Deutschland registrierte Nutzer des Unternehmens.[122] Eine durch das Bundesministerium für Wirtschaft und

---

[117] Vgl. Cusumano, M. A.; Gawer, A. (2002), S. 53.

[118] Vgl. Alstyne, M. W. Van et al. (2016), S. 56 ff.

[119] Thomas, L. (2018); Molla, R. (2017).

[120] Vgl. Müller, M. (2018); ZDF (2018).

[121] Vgl. Weidemann, T. (2018).

[122] Vgl. DV Deutschland Voucher (2017).

Energie geförderte Umfrage ergab, dass 79 % der Bundesbürger ab 14 Jahren das Internet nutzen.[123] Demzufolge wäre in Deutschland jeder Internetnutzer bei Amazon registriert.

Ist die Kundenattraktion erfolgreich, führt sie anschließend zu einer **Kundeninteraktion** mit dem digitalen Ökosystem. Die Kundeninteraktion kann dabei Verschiedenes bedeuten. Sowohl das Besuchen der Webseite, das Herunterladen der App als auch die Registration als Kunde innerhalb des Ökosystems stellen Kundeninteraktionen dar. Die eindeutigste Kundeninteraktion ist allerdings der Kauf von angebotenen Sach- und Dienstleistungen. Bei jeder Interaktion werden Kundendaten erhoben, die bei späteren Kundeninteraktionen verwendet werden können. Die Dienste und Produkte von Amazon wurden 2016 laut einer von Statista durchgeführten Umfrage von 39 % der Befragten mehrmals pro Woche oder sogar täglich genutzt; mehrmals pro Monat sind es insgesamt 76 % der Befragten.[124]

Schaffen es digitale Ökosysteme bei den Kundeninteraktionen positive Kundenerlebnisse zu erzeugen, so wird nach einer gewissen Zeit Kundenloyalität durch **Kundenbindung** aufgebaut. Im Rahmen von Ökosystemen wird von einem Lock-in-Effekt gesprochen, einer typischen Eigenschaft digitaler Ökosysteme. Für Nutzer, die das Ökosystem verlassen wollen, manifestieren sich durch die ausbleibenden Services und Vorteile aus der Nutzung des Ökosystems so hohe Opportunitätskosten, dass ein Austreten deutlich erschwert wird.[125] Am Beispiel von Amazon wird die Kundenbindung besonders durch die wachsenden Marktanteile am Online-Handel deutlich. In Deutschland hat sich

---

[123] Initiative D21 e.V. (Hg.) (2018), S. 10.

[124] Vgl. Statista (2016).

[125] Vgl. Gassmann, O. et al. (2013), S. 163 f.

der Marktanteil von 2016 auf 2017 um rund 16 Prozentpunkte auf 46 % erhöht.[126]

Wie in Abbildung 3 angedeutet, erheben digitale Ökosysteme während jedes Prozessschrittes **Kundendaten**. Die gesammelten Kundendaten werden verwendet, um passende Sach- und Dienstleistungen für den Kunden zu finden oder um bestehende Angebote weiter zu personalisieren. Darüber hinaus wird das Kaufverhalten analysiert und versucht, bislang unbekannte Zusammenhänge sowie Muster zu identifizieren. Mit fortschreitenden technologischen Möglichkeiten werden die Datenauswertungen immer präziser und bringen tiefere Einblicke in die Vorlieben und Wünsche der Kunden. Amazon zeigt beispielsweise seinen Kunden auf den Produktseiten passende Angebote zu dem betrachteten Produkt. Genauso werden von anderen Kunden betrachtete Produkte angezeigt.

Neben den erwähnten Funktionen erfüllen digitale Ökosysteme noch einen weiteren Zweck. Die Erweiterung des Leistungsportfolios eines einzelnen Unternehmens durch Kooperationspartner eröffnet weitere Verdienstmöglichkeiten. Digitale Ökosysteme können auf ganz unterschiedlichen Wegen Umsätze generieren. Beispielhaft seien zwei Möglichkeiten erwähnt. Der Orchestrator kann über Provisionsmodelle bzw. Vermittlergebühren interessierte Kunden an Ökosystemteilnehmer weiterleiten. Ebenfalls denkbar ist die Beteiligung an erzielten Umsätzen innerhalb des Netzwerkes.[127]

---

[126] EHI Retail Institute/Statista (2017); ZDF (2018).

[127] Vgl. Tornes, M. et al. (2018), S. 7 f.; Naujoks, H. et al. (2017c), S. 2; Capgemini/Efma (Hgg.) (2018), S. 17.

3.3.1 Kundenzufriedenheit und -loyalität

Versicherungsunternehmen fällt es schwer mit ihren Kunden regelmäßig in Kontakt zu treten, wodurch der Aufbau nachhaltiger Kundenzufriedenheit und -loyalität deutlich erschwert wird.[128] Darüber hinaus belastend ist die Tatsache, dass Versicherungsprodukte ohne zusätzlich angebotene Serviceleistungen äußerst austauschbar sind. Das einzige und damit primäre Differenzierungsmerkmal ist oftmals der Preis. Online-Vergleichsportale generieren Transparenz zwischen Versicherungsprodukten und verursachen dadurch einen zunehmenden Preiskampf unter den Versicherern.[129] Für die Versicherungsbranche sind digitale Ökosysteme ein möglicher Weg zu höherer Kundenzufriedenheit und damit auch zu nachhaltiger Kundenloyalität. Digitale Ökosysteme bringen nicht nur durch ihre Einbindung in den Kundenalltag eine deutlich höhere Kundeninteraktion zustande, sondern auch das Mehr an Vorteilen und Serviceleistungen für den Kunden wirkt sich nachgewiesener Weise positiv auf den NPS der Anbieter aus.[130]

Innerhalb digitaler Ökosysteme können mithilfe verschiedener Ökosystemteilnehmer den Kunden deutlich mehr wertschöpfende Serviceleistungen angeboten werden als es ein einzelnes Unternehmen leisten kann. Die breitere Auswahl an Dienstleistungen führt zur häufigeren Nutzung durch die Kunden und damit zu einer höheren Kontaktfrequenz. Regelmäßige Interaktionen bilden die Grundlage für hohe Kundenzufriedenheit und sind somit ebenfalls Grundvoraussetzung für nachhaltige Kundenloyalität.[131] Darüber hinaus haben die Dienstleister im direkten Kundenkontakt die Möglichkeit durch hervorragenden

---

[128] Vgl. Naujoks, H. et al. (2017a), S. 3.
[129] Vgl. Ebd., S. 4.
[130] Vgl Ebd., S. 3 f., 9 f.; Capgemini/Efma (Hgg.) (2018), S. 17.
[131] Vgl. Naujoks, H. et al. (2017a), S. 4 f.

Service ihre Kunden zu begeistern. Die Kombination von regelmäßigen Kundeninteraktionen und positiven Kundenerlebnissen ist ein wichtiges Differenzierungsmerkmal für Versicherer in dem ansonsten eher homogenen Markt. Neben dem Preis gewinnt folglich ein weiteres Differenzierungsmerkmal an Bedeutung.[132] Abgesehen von der so wichtigen Abgrenzung im direkten Marktvergleich generieren digitale Ökosysteme durch zunehmende Kundenloyalität höhere Einkommensströme pro Kunde.[133] Loyale Kunden kaufen mehr Produkte, kaufen zu höheren Preisen, kündigen seltener und empfehlen das Unternehmen auch häufiger weiter. Darüber hinaus verringern sich die Grenzkosten und Schadenaufwendungen des Kunden.[134]

In Deutschland tätige Versicherer haben es laut der 2017 veröffentlichten Studie von Bain & Company bereits geschafft durch Fokussierung auf mehr Kundenorientierung ihre Weiterempfehlungsquoten zu verbessern.[135] Durch zusätzlich angebotene Dienstleistungen können Versicherer jedoch noch erhebliches Verbesserungspotenzial hinsichtlich der Kundenzufriedenheit ausschöpfen. Die im Rahmen der Studie durchgeführte Kundenbefragung weist Anstiege des NPS bei Nutzung eines zusätzlichen Service von bis zu 20 Prozentpunkten aus. Werden von den Kunden sogar drei oder mehr Serviceleistungen in Anspruch genommen, sind Verbesserungen von bis 44 Prozentpunkten möglich. Schafft es der Versicherer bzw. das digitale Ökosystem den Kunden bei der Dienstleistung zusätzlich noch zu begeistern, sind noch höhere Weiterempfehlungsquoten möglich. Die von den Autoren der Studie ausgewiesenen Verbesserungen der Kundenzufriedenheit bergen aber auch Gefahren. Services, die

---

[132] Vgl. Ebd., S. 9 ff.; Wheeler, K. (2018), S. 1 f.; Naujoks, H. et al. (2017c), S. 1.

[133] Vgl. Capgemini/Efma (Hgg.) (2018), S. 17; Vandendael, V. (2018), S. 8.

[134] Vgl. Reichheld, F. F. (2003), S. 48 f.; Naujoks, H. et al. (2017a), S. 9; Cusano, J.; Starrs, A. (2017), S. 52.

[135] Vgl. Naujoks, H. et al. (2017a), S. 4 f.

von dem Kunden als nicht zufriedenstellend wahrgenommen werden, lassen einen entsprechend negativen Eindruck zurück.[136]

Insgesamt ist festzuhalten, dass digitale Ökosysteme direkten Einfluss auf die Häufigkeit der Kundeninteraktionen haben, was wiederum die Kundenzufriedenheit und -loyalität verbessern kann. Neben ansteigenden Einkommensströmen werden weiterhin wichtige Differenzierungsmerkmale im ansonsten sehr homogenen Versicherungsmarkt geschaffen. Versicherer konnten bereits durch mehr Kundenzentrierung ihre Kundenzufriedenheit verbessern. Durch digitale Ökosysteme bestehen jedoch noch enorme Verbesserungspotenziale, die bislang nicht von den Marktteilnehmern ausgeschöpft werden.

3.3.2 Technologische Entwicklungen

Positive Kundenerlebnisse durch digitale Ökosysteme werden zu einem großen Teil durch die voranschreitenden technologischen Entwicklungen ermöglicht. Es ist nicht nur wichtig seinen Kunden zusätzliche Serviceleistungen anzubieten, sondern auch die Art des Zugangs ist von Bedeutung. Ein zentrales Element dabei ist die Benutzerfreundlichkeit.[137] Je einfacher und bequemer ein Kunde bestimmte Leistungen in Anspruch nehmen kann, umso gewillter ist er auch dies zu tun.[138] Vollständig entwickelte digitale Ökosysteme zeichnen sich dabei durch die Fähigkeit aus, Kundendaten zu erheben und auszuwerten sowie innerhalb des Netzwerks zu teilen. Besonders durch die zuvor beschriebenen technologischen Entwicklungen in den Bereichen IoT, Wearables und die Auswertung von Datenmengen sind digitale Ökosysteme in der Lage, tiefe Einblicke in das Verhalten ihrer Kunden zu ermöglichen. Durch die insgesamt

---

[136] Vgl. Ebd., S. 10 f.; Naujoks, H. et al. (2017c), S. 1.

[137] Vgl. Huckstep, R. (2017).

[138] Vgl. De Jong, B. (2017).

bessere Datenlage werden personalisierte Kundenansprachen, individuelle Angebote und sogar Prognosen über zukünftiges Verhalten theoretisch möglich.[139] Trotz der technischen Fähigkeit besteht bei dem Großteil der Versicherungsbranche noch Nachholbedarf in puncto Datenqualität und -nutzung. 43 %
der befragten Versicherungsvorstände halten die aktuelle Datenqualität für ein
Hindernis, um die Kundenbeziehungen zu verbessern. Jeder Zweite zweifelt
sogar die Integrität der vorhandenen Daten an.[140] Auch Versicherungskunden
sind mit der aktuellen Situation nicht zufrieden. Eine Umfrage zum Grad der
Personalisierung bei Versicherern ergab, dass gerade einmal 28% der Befragten mit dem Status quo (sehr) zufrieden sind.[141]

Es gibt unterschiedliche Möglichkeiten, innerhalb von digitalen Ökosystemen
Kundendaten zu sammeln. Zum einen können Kunden ihre jeweiligen Daten
selbst eintragen, was wohl die kostengünstigste Variante aber gleichzeitig nicht
sonderlich valide ist. Es besteht weiterhin die Möglichkeit, Daten von Dritten zu
erwerben. Als letzte aufgeführte Variante sei die Datenerhebung mithilfe von
mobilen Endgeräten genannt.[142] Besonders die letzte Variante wird durch die
Fortschritte vernetzter Geräte immer interessanter. Durch Wearables und IoT-
Geräte können Risiken in Echtzeit beobachtet werden. Es kann frühzeitig vor
Schäden gewarnt und darüber hinaus können die erhobenen Daten zur Verhal-
tensanalyse verwendet werden.[143] In digitalen Ökosystemen geben Kunden
persönliche Daten im Austausch mit individuellen Serviceleistungen, Risikoprä-
ventionen und ggf. geringeren Versicherungsprämien preis.[144] Neben dem Mo-
nitoring bestehender Risiken sowie der Analyse des Kundenverhaltens können

---

[139] Vgl. Hocking, J. et al. (2015), S. 8; Naujoks, H. et al. (2017a), S. 7 f.; Vandendael, V. (2018), S. 8.
[140] Vgl. Reader, G. et al. (2017), S. 10.
[141] Vgl. Capgemini/Efma (Hgg.) (2018), S. 12 ff.
[142] Vgl. Naujoks, H. et al. (2017c), S. 4.
[143] Vgl. Hocking, J. et al. (2015), S. 8; Naujoks, H. et al. (2017c), S. 2.
[144] Vgl. Buss, S. et al. (2018), S. 200.

die erhobenen Daten ebenfalls zur Identifikation neuer Kundenbedürfnisse genutzt werden. Sowohl die Daten aus regelmäßigen Kundeninteraktionen mit digitalen Ökosystemen als auch die zusätzlichen Daten mobiler Endgeräte können neue Kundenpräferenzen hervorbringen, die selbst dem Verbraucher noch nicht bewusst sind. Gelingt es den Versicherern diese frühzeitig zu ermitteln, können individuelle Lösungen für die entsprechenden Bedürfnisse entwickelt und angeboten werden.[145] Aufgrund der bestehenden Kenntnisse über die Vorlieben des jeweiligen Kunden können die neuen Sach- und Dienstleistungen über den bevorzugten Kontaktkanal angeboten werden. Die kundengerechte Ansprache ist nach einer Umfrage unter Versicherern für den Erfolg der Kontaktaufnahme wesentlich.[146]

4   Status quo digitaler Ökosysteme in der Versicherungswirtschaft

In dem folgenden Kapitel wird der Status quo digitaler Ökosysteme in der Versicherungswirtschaft untersucht, um in den anschließenden Kapiteln auf die Relevanz und Potenziale eingehen zu können. Der erste Abschnitt analysiert den Aufbau und die Funktionsweise eines weit entwickelten ausländischen Ökosystems, um den Entwicklungsstand eines der wohl aktuell fortschrittlichsten digitalen Ökosysteme aufzuzeigen. In dem darauffolgenden Kapitel wird der Status quo digitaler Ökosysteme in Deutschland erhoben. Es werden die drei Ökosysteme Smart Home, Mobilität sowie Gesundheit betrachtet. Neben der allgemeinen Erläuterung des Ökosystems werden die in Deutschland fortschrittlichsten Ökosysteme aufgezeigt und deren Funktionsweise erläutert. Zu jedem der drei Themenfelder werden beispielhaft ausländische Ökosysteme

---

[145] Vgl. Hocking, J. et al. (2015), S. 4, 7.

[146] Vgl. Capgemini/Efma (Hgg.) (2018), S. 56.

als Benchmark hinzugezogen, um eine Einschätzung des Reifegrads der heimischen Netzwerke zu ermöglichen. Der letzte Abschnitt des Kapitels bildet das Zwischenfazit zu den vorhergehenden Untersuchungen.

Die Auswertung der vorhandenen Sekundärliteratur und der durchgeführten Experteninterviews hat im Privatkundengeschäft aktuell drei große Themenfelder identifiziert, in denen Entwicklungen digitaler Ökosysteme zu erkennen sind:

- Smart Home,
- Mobilität und
- Gesundheit.[147]

Bis zum Jahr 2025 schätzen Experten die Anzahl der vorhandenen Ökosysteme auf insgesamt 12.[148] Andere Stimmen aus der Wirtschaft gehen hingegen von insgesamt nur noch zwei großen Ökosystemen für B2B- und B2C-Dienstleistungen aus.[149] Unabhängig von der tatsächlichen Anzahl steht bereits heute für Versicherungsunternehmen fest, dass sie in jedem der späteren Ökosysteme eine Rolle spielen wollen.[150]

4.1   Status quo im Ausland

Bereits nach kurzer Recherche wird deutlich, dass digitale Ökosysteme im Ausland wesentlich weiter entwickelt sind als in Deutschland. Zur Verdeutlichung

---

[147] Vgl. Cusano, J.; Starrs, A. (2017), S. 21; Vandendael, V. (2018), S. 7; Tan, J. (2017), S. 62; Generali (2018a); Nöthling, N. (2018); Hagen, P. (2018); Leber, G. (2018), S. 6; Experteninterview.

[148] Vgl. Atluri, V. et al. (2017), S. 2 f.

[149] Vgl. Schwartz, D. et al. , S. 4.

[150] Vgl. Experteninterview.

des Unterschieds wird mit dem chinesischen Online-Versicherer ZhongAn On-line P & C Insurance Co., Ltd das wohl aktuell fortschrittlichste digitale Ökosys-tem in der Versicherungswirtschaft weltweit untersucht. Nach der Kurzvorstel-lung des Unternehmens werden die technische Infrastruktur und Besonderhei-ten des Versicherers aufgezeigt. Die Funktionsweise der digitalen Ökosysteme von ZhongAn wird anschließend betrachtet. Darüber hinaus wird festgestellt, inwiefern die Ökosystemteilnehmer von der Kollaboration profitieren. Die Ana-lyse soll den Unterschied zu den Ökosystemen in Deutschland verdeutlichen.

4.1.1   Kurzvorstellung ZhongAn und Besonderheiten

ZhongAn wurde im Jahr 2013 gemeinsam von den Unternehmen Ant Financial, einer Tochter von Alibaba, Tencent und Ping An als erster Online-Versicherer Chinas gegründet. Im Jahr 2018 war das Unternehmen bereits Platz 13 der Schaden- und Unfallversicherer in China.[151] ZhongAn ist in den fünf Ökosyste-men Lifestyle, Reise, Mobilität, Konsumentenfinanzierung sowie Gesundheit aktiv. Über Partnerplattformen oder die eigenen Vertriebskanäle werden den Kunden verschiedene Versicherungslösungen angeboten.[152] Die Ökosysteme Lifestyle und Reisen erwirtschaften dabei zusammen mehr als zwei Drittel der gesamten Beitragseinnahmen.[153] In den letzten drei Jahren hat ZhongAn be-reits über 10 Mrd. Versicherungspolicen verkauft.[154] Während des Shopping Festivals 2016 wurden zu Spitzenzeiten sogar bis zu 13.000 Policen pro Se-kunde verkauft.[155] Insgesamt kooperiert ZhongAn mit über 1.000 Partnerunter-nehmen.[156] Das Geschäftsmodell von ZhongAn basiert auf zwei grundlegenden

---

[151] Vgl. ZhongAn (2018a).

[152] Vgl. Hong Kong Exchanges and Clearing Limited (Hg.) (2017), S. 3, 187 f.

[153] Vgl. Ebd., S. 196.

[154] Vgl. Song, B. (2018).

[155] Vgl. Hong Kong Exchanges and Clearing Limited (Hg.) (2017), S. 188.

[156] Vgl. ZhongAn (2018b).

Elementen: dem Vertrieb von Versicherungsprodukten und dem Bereitstellen technischer Dienstleistungen, die auf künstlicher Intelligenz basieren.[157]

Für den Aufbau neuer digitaler Ökosysteme hat ZhongAn einen festen Prozess definiert. Zuerst wird mit dem führenden Online-Anbieter des jeweiligen Ökosystems eine Kooperation geschlossen. Nach und nach werden innerhalb der Kooperation weitere Versicherungsprodukte etabliert, bis die Zusammenarbeit gefestigt ist. Anschließend werden dem Ökosystem weitere Dienstleister, Nischenanbieter sowie Offline-Vertriebspartner hinzugefügt.[158]

Bei näherer Betrachtung des Unternehmens ist nicht zu übersehen, dass die technische Infrastruktur das zentrale Element des Geschäftsmodells ist. Die gesamte IT beruht auf cloudbasierten Strukturen und einer offenen Plattform. Interne Prozesse sind größtenteils automatisiert und werden durch Machine und Deep Learning, natürliche Spracherkennung sowie intelligente Bilderkennung unterstützt. ZhongAn zeichnet sich dank der modernen IT-Strukturen durch skalierbare und äußerst effiziente Prozesse aus, die es auch schaffen hohe Anfragevolumen zu bearbeiten.[159] Durch den intensiven Einsatz von Technologie ist ZhongAn in der Lage, für jeden seiner Kunden ein umfassendes Profil zu erstellen und dadurch in Echtzeit individuelle Angebote zu erstellen sowie das zukünftige Verhalten zu antizipieren.[160]

4.1.2   Funktionsweise und Mehrwerte digitaler Ökosysteme

ZhongAn ist an einer Vielzahl unterschiedlicher Ökosysteme beteiligt. Bei einigen ist das Unternehmen lediglich Anbieter von Versicherungsprodukten und

---

[157] Vgl. Hong Kong Exchanges and Clearing Limited (Hg.) (2017), S. 193.

[158] Vgl. Ebd., S. 194 f.

[159] Vgl. Song, B. (2018); Huckstep, R. (2017).

[160] Vgl. Hong Kong Exchanges and Clearing Limited (Hg.) (2017), S. 187 ff.

dabei vollständig in die Plattform des jeweiligen Kooperationspartners inte-griert. Beispielsweise vertreibt ZhongAn Versicherungen von Warenrücksen-dungen über Taobao oder Flugverspätungsversicherungen über die Plattfor-men vieler Reiseagenturen und Fluglinien. Bei anderen digitalen Ökosystemen ist ZhongAn der Orchestrator, Anbieter von Versicherungsprodukten und gleichzeitig Betreiber der technischen Infrastruktur. Hierbei sind die Kranken-versicherung e-Life oder die Kfz-Versicherung zu erwähnen. In allen digitalen Ökosystemen können die Kunden über einen technischen Zugriffspunkt, eine App oder Plattform das gesamte Angebot nutzen. Werden Versicherungsleis-tungen über einen der Offline-Vertriebspartner erworben, kann dennoch online auf das Versicherungsprodukt zugegriffen werden. Die digitalen Ökosysteme von ZhongAn zeichnen sich alle durch branchenübergreifende Kooperationen aus. Noch wichtiger für ein Ökosystem ist jedoch die Kundendatenerhebung und -verarbeitung. Mithilfe künstlicher Intelligenz, cloudbasierter Infrastrukturen und weiterer Technologien kann ZhongAn individuelle Produkte erstellen und kalkulieren sowie die Policierung als auch die Schadenbearbeitung vollauto-matisiert und in Echtzeit abwickeln. Beispielsweise kooperieren bei dem Ökosys-tem Reisen Online-Reiseagenturen, Fluglinien sowie weitere Servicepartner. Bei der Buchung von Flugtickets kann der Kunde mittels weniger Klicks eine Flugverspätungsversicherung innerhalb des eigentlichen Kaufprozesses ab-schließen. Durch die nahtlose Integration der Systeme kann sowohl der Preis in Echtzeit kalkuliert als auch der Versicherungsantrag bearbeitet werden. Zum Zeitpunkt des Fluges kann ZhongAn durch Integration in die Systeme der Flug-linien eine Boardingkontrolle durchführen. Bei Nichtantreten des Fluges werden somit keine Versicherungsleistungen ausgezahlt. Ist der Passagier an Bord des

Flugzeugs und hat der Flug eine ausreichende Verspätung, wird die vereinbarte Entschädigung automatisch und umgehend an den Kunden ausgezahlt.[161]

ZhongAn schafft es durch die Teilnahme an digitalen Ökosystemen und deren Aufbau, dass alle Beteiligten von der Zusammenarbeit profitieren. Nachfolgend werden die Mehrwerte für ZhongAn, die kooperierenden Unternehmen und die Endverbraucher dargestellt und erläutert.

众安保险 ZhongAn	Kooperationspartner	Endverbraucher
• Breite Produktpalette und Kundenbasis	• Aufwertung der Produkte und Differenzierung vom Wettbewerb	• Alltagsprobleme werden adressiert
• Zufriedene Kunden und Kooperationspartner	• Steigerung des Traffics und der Umsätze	• Abschluss von Versicherungslösungen ohne Mehraufwand
• Steigende Kundenloyalität	• Steigerung der Kundenzufriedenheit	• Automatische Leistungsauszahlungen
• Schnelles Wachstum	• Kleine Unternehmen erhalten Zugang zu moderner IT-Infrastruktur	• Günstige Preise

Abbildung 4: Übersicht Mehrwerte digitaler Ökosysteme[162]

ZhongAn profitiert auf unterschiedliche Weise von seinen digitalen Ökosystemen. Durch die Kollaboration mit mehr als 1.000 verschiedenen Partnerunternehmen verschafft sich die Gesellschaft Zugang zu einer breiten Zielgruppe und bringt es auf mittlerweile über 492 Mio. Kunden. Aufgrund der gemeinsamen Entwicklung von Versicherungslösungen kann ZhongAn bereits unzählige

---

[161] Vgl. Ebd., S. 187, 190, 213; ZhongAn (2018c); Huckstep, R. (2017).
[162] Eigene Darstellung.

verschiedene Produkte anbieten.[163] Die Kundenzufriedenheit innerhalb des Ökosystems zeichnet sich durch geringe Beschwerdequoten sowie häufige Nutzung der Dienstleistungen aus. 2016 haben Kunden im Durchschnitt über 10 Policen im Jahr erworben. Die Zufriedenheit der Kooperationspartner ist aufgrund der stetig wachsenden Anzahl kooperierender Unternehmen anzunehmen. Zusätzlich zu der wiederholten Nutzung von Dienstleistungen lässt sich feststellen, dass rund 18 % der Kunden in mindestens zwei verschiedenen Ökosystemen aktiv sind, was von einer gewissen Kundenloyalität zeugt.[164] Seit Gründung hat ZhongAn 10 Mrd. Versicherungspolicen verkauft. Das Wachstum lässt sich weiterhin durch den Börsengang in 2017 und weitere Expansionspläne in die Lebensversicherung und ins Ausland unterstreichen.[165] Seit August 2018 unterstützt der Softbank Vision Fund dieses Vorhaben durch ein Investment von bis zu 100 Mio. USD.[166]

Die Mehrwerte der teilnehmenden **Kooperationspartner** werden besonders deutlich durch die Aufwertungen der angebotenen Produkte und die damit einhergehenden Anstiege des Online-Traffics, der Umsätze sowie der Kundenzufriedenheit. Alibaba konnte durch Einführung der Versicherung von Warenrücksendungen eine Erhöhung des Traffics um 30 % und der Umsätze um 35 % verzeichnen. Gleichzeitig ist die Anzahl der Kundenbeschwerden um rund 30 % zurückgegangen.[167] Durch die gemeinsame Entwicklung innovativer Versicherungslösungen schafft es ZhongAn, die Sach- und Dienstleistungen der Partnerunternehmen deutlich zu verbessern und sich damit besonders in

---

[163] Vgl. Hong Kong Exchanges and Clearing Limited (Hg.) (2017), S. 185 ff.; ZhongAn (2018b).

[164] Vgl. Hong Kong Exchanges and Clearing Limited (Hg.) (2017), S. 216.

[165] Vgl. Ebd., S. 193; Song, B. (2018); NIKKI SUN (2018).

[166] Vgl. InsuranceUp (2018); ZhongAn (2018a).

[167] Vgl. Song, B. (2018); Sheng, C. et al. (2016), S. 19.

homogenen Märkten vom Wettbewerb abzuheben.[168] Hat einer der Kooperationspartner von ZhongAn keine eigene Online-Plattform, so profitiert dieser von der Integration in ZhongAns Plattformen sowie dem Zugang zu modernster IT als auch neuen potenziellen Kunden.[169]

Damit digitale Ökosysteme überhaupt funktionieren, müssen sich **Endverbraucher** beteiligen. Mehrwerte der Teilnahme an den Ökosystemen von ZhongAn sind die Erleichterung alltäglicher Probleme und die hohe Benutzerfreundlichkeit. ZhongAn adressiert mit der Versicherung von Warenrücksendungen oder der Flugverspätung alltägliche Unannehmlichkeiten der Kunden. Durch die technische Integration in die Systeme der Kooperationspartner können Versicherungslösungen ohne nennenswerten Mehraufwand und für nur einige Cents abgeschlossen werden. Die Leistungsauszahlung funktioniert größtenteils automatisch, sodass der Kunde sich nicht einmal bei der Versicherung melden muss.[170]

Es wird deutlich, dass ZhongAn es geschafft hat optimale Voraussetzungen für den Aufbau und die Teilnahme in unterschiedlichen Ökosystemen zu schaffen. Aufgrund der modernen IT-Infrastruktur und der schlanken Prozesse kann sich der Online-Versicherer schnell auf seine Kooperationspartner oder sich verändernde Marktbedingungen einstellen. Kundendaten werden innerhalb der Ökosysteme erhoben und umfangreich ausgewertet. Darüber hinaus profitieren ausnahmslos alle Ökosystemteilnehmer von der Kollaboration. ZhongAn ist zum heutigen Stand ein Musterbeispiel für einen Orchestrator,

---

[168] Vgl. Hong Kong Exchanges and Clearing Limited (Hg.) (2017), S. 116; Song, B. (2018); Sheng, C. et al. (2016), S. 7.

[169] Vgl. Hong Kong Exchanges and Clearing Limited (Hg.) (2017), S. 188.

[170] Vgl. Ebd., S. 116.

Plattformbetreiber und Teilnehmer in digitalen Ökosystemen innerhalb der Versicherungswirtschaft.

4.2   Status quo in Deutschland

Das nachfolgende Kapitel befasst sich mit den drei bereits identifizierten Trends digitaler Ökosysteme in den Bereichen Gesundheit, Smart Home sowie Mobilität. Es wird näher untersucht, was das jeweilige Ökosystem ausmacht, wie sich in Deutschland agierende Versicherer dort positionieren und vor allem, wer bereits erste Initiativen ergriffen hat. Für die nachfolgende Darstellung werden jeweils nur relevante und damit vergleichsweise fortschrittliche Ökosysteme am deutschen Markt berücksichtigt. Zudem werden die Ökosysteme in die Kategorien vorgelagerte Dienstleistungen, Kernprodukt und nachgelagerte Dienstleistungen eingeteilt. Vorgelagerte Dienstleistungen beziehen sich dabei auf Sach- und Dienstleistungen, die vor dem Versicherungsschutz Anwendung finden. Nachgelagerte Dienstleistungen finden entsprechend nach dem Versicherungsprodukt Anwendung.

In Deutschland ist deutlich zu beobachten, dass die Ökosysteme vergleichsweise unterentwickelt sind. Einige Versicherer beginnen derzeit mit Pilotprojekten oder beschäftigen sich in ersten Versuchen mit digitalen Ökosystemen. Die untersuchten Ökosysteme und die durchgeführten Experteninterviews verdeutlichen, dass bereits entsprechende Expertise in vielen Unternehmen vorhanden ist und diese weiter ausgebaut werden soll. Bei der überwiegenden Mehrheit der Versicherungsunternehmen sind jedoch noch keine Annäherungen an Ökosysteme zu erkennen.

4.2.1 Ökosystem Smart Home

Eines der drei großen digitalen Ökosysteme in Deutschland allgemein aber auch in der Versicherungsbranche ist Smart Home. Unter diesem Begriff wird die Vernetzung des Wohnhauses mit verschiedenen technischen Geräten verstanden. Dazu zählen unter anderem Rauchmelder, Alarmanlagen, Thermostate aber auch Sprachassistenten oder vernetzte Küchengeräte. Sinn und Zweck ist es den Alltag der Bewohner durch technische Unterstützung zu vereinfachen bzw. die Sicherheit des Eigenheims zu erhöhen.[171] Im Versicherungskontext geht es in der Regel um die Kombination der Wohngebäude- bzw. Hausratversicherung mit vernetzter (Sicherheits-) Technik. Umfragen zufolge ist der Begriff Smart Home bereits bei 80 % der Bevölkerung bekannt.[172] Die These breiter Bekanntheit in der Bevölkerung wird durch das starke Wachstum des deutschen Smart Home Marktes von rund 50 % im letzten Jahr gestützt.[173]

In Abbildung 5 ist eine Auswahl der fortschrittlichsten Smart Home Ökosysteme deutscher Versicherungsunternehmen abgebildet. Nachfolgend wird auf den Status quo sowie die einzelnen Sach- und Dienstleistungen näher eingegangen.

---

[171] Vgl. Picot, A. et al. (2008), S. 8, 11; Rapberger, W. (2018); Esser, R. et al. (2014), S. 8 f.

[172] Vgl. Generali (2018a).

[173] Vgl. Buss, S. et al. (2018), S. 203.

Unternehmen	vorgelagerte Dienstleistung			Kernprodukt			
	Hardware schützt gegen			Versiche-rung	Hilfe via Callcenter	Vermittlung von	
	Einbruch	Feuer	Leitungs-wasser			Handwerker	Sicherheits-dienst
ERGO	✓	✓	✓	✓	✓	✓	✓
Allianz	✓		✓	✓	✓	✓	✓
GENERALI	✓		✓	✓	✓	✓	✓
PROVINZIAL	✓	✓	✓	✓	✓	✓	
HAMBURGER FEUERKASSE	✓	✓	✓	✓	✓		✓
die Bayerische	✓	✓	✓	✓		✓	✓
AXA	✓	✓	✓	✓		✓	
Gothaer [1]	✓	✓	✓	✓			

■ Kernkompetenz [1] Noch nicht ausgerollt

Abbildung 5: Übersicht Ökosystem Smart Home Deutschland[174]

Am deutschen Markt zeichnen sich einige Ansätze digitaler Ökosysteme im Bereich Smart Home durch Kooperationen mit Hardwareherstellern vernetzter Sicherheitstechnik ab. In der Regel werden den Kunden Starterpakete zu stark vergünstigten Preisen angeboten. Sie beinhalten eine Auswahl von Einbruchsensoren für Fenster und Türen, Alarmanlagen, Rauchmelder, Sensoren für Wasserschäden sowie Steuerungs- und Kontrolleinheiten. Oftmals wird bei Kauf der Sicherheitstechnik mit einer Reduktion der Versicherungsprämie geworben. Kunden profitieren dabei mehrfach: Zum einen durch den reduzierten Versicherungsbeitrag, aber auch durch die zusätzliche Sicherheit gegenüber ausgewählten versicherten Gefahren, wie z. B. Einbruch, Feuer- oder

---

[174] Eigene Darstellung; vgl. ERGO (2018a); Allianz Global Assistance (2018); AachenMünchener Versicherung AG (2018); Hamburger Feuerkasse (2019); Provinzial Nord Brandkasse (2018); Provinzial (2013); Die Bayerische (2018); AXA Deutschland (2018b); CosmosDirekt (2018); AssCompact (2018); Biallas, C. (2017).

Wasserschäden. Die Sensoren informieren den Besitzer entweder per App oder durch ein Callcenter telefonisch über die identifizierten Gefahren. Zum Teil wird bei Nichterreichen des Besitzers automatisch die Polizei oder Feuerwehr verständigt. Der Versicherer profitiert dank der Sensoren durch eine frühzeitige Risikoidentifikation. Dadurch werden Schäden entweder vollständig vermieden oder die Schadenaufwendungen fallen entsprechend geringer aus, da rechtzeitig Schadenminderungsmaßnahmen eingeleitet werden können. Sowohl die Gesellschaften Allianz, ERGO, Generali als auch die Provinzial Versicherungen und die Hamburger Feuerkasse bieten ihren Kunden zusätzlich zu der App ein (kostenpflichtiges) Notfallmanagement via Callcenter an. Die Versicherungsnehmer oder andere hinterlegten Kontaktpersonen werden bei Gefahr kontaktiert. Gemeinsam wird dann das weitere Vorgehen eingeleitet. Bei Bedarf bieten einige Versicherungsunternehmen die Vermittlung von Handwerkern oder Sicherheitsdienstleistern an.[175]

In allen dargestellten Ökosystemen werden die Sensoren über eine oder mehrere Apps der Hersteller gesteuert. Jedoch kann der Kunde lediglich bei den Angeboten der Allianz und der ERGO auf Versicherungsleistungen direkt innerhalb der App zugreifen.[176] Alle anderen Ökosysteme stellen keine direkte Verbindung zwischen der App und dem Versicherer her. Insgesamt fällt bei den dargestellten Ökosystemen auf, dass sich die angebotenen Sach- und Dienstleistungen ausschließlich auf die dem Versicherungsschutz vorgelagerten Dienstleistungen beschränken. Keines der in Deutschland bereits veröffentlichten Ökosysteme umfasst nachgelagerte Services, die nicht unmittelbar mit der Verringerung der Schadenaufwendungen für den Versicherer im

---

[175] Vgl. AachenMünchener Versicherung AG (2018); Allianz Global Assistance (2018); AXA Deutschland (2018a); Die Bayerische (2018); ERGO (2018a); Provinzial Nord Brandkasse (2018); Hamburger Feuerkasse (2019).

[176] Vgl. Allianz Global Assistance (2018); ERGO (2018a).

Zusammenhang stehen und somit zum eigentlichen Kernprodukt gehören. Weiterhin fällt auf, dass es Kooperationen gibt, die nicht mit dem Ökosystem in Verbindung gebracht werden. So hat die AXA sich an Homebell, einer Plattform für Handwerker, beteiligt. Eine Verbindung zu dem Ökosystem Smart Home ist jedoch nicht zu erkennen.[177] Die R+V Versicherung hat 2018 ein Pilotprojekt in Kooperation mit IBM und Malteser Care angekündigt, welches sich mit der Betreuung alleinlebender älterer Menschen beschäftigt. Mithilfe von IBM Watson und entsprechender Sensoren wird das Verhalten der Bewohner überwacht und bei Unregelmäßigkeiten oder signifikanten Abweichungen werden entsprechende Maßnahmen eingeleitet. Auffällig lange Zeiten der Regungslosigkeit lösen in dem vorgestellten Konzept einen Alarm aus.[178] Das Pilotprojekt stellt die ersten dem Versicherungsprodukt nachgelagerten Dienstleistungen in dem Ökosystem Smart Home dar. Darüber hinaus hat die Versicherungskammer Bayern (VKB) ein weiteres Konzept namens Smart Living vorgestellt, in dem umfangreiche Dienstleistungen rund um die Themen Wohnen, Sicherheit bis hin zur Pflege angeboten werden sollen.[179] Zum Zeitpunkt der Arbeit sind jedoch noch keine Details veröffentlicht worden, sodass die VKB in der Übersicht nicht berücksichtigt werden kann.

Eine noch zu bewältigende Herausforderung im Bereich Smart Home ist es, ausreichend Anreize für Versicherungsnehmer zu schaffen, um die Teilnahmequoten zu steigern. Der Preis der Sicherheitshardware ist im Vergleich zu den gewährten Nachlässen auf die Versicherungsprämien zu hoch. Genauso ist es für die Unternehmen nicht wirtschaftlich die Systeme vollständig zu subventionieren, da die Schadenfrequenzen von Einbrüchen, Feuern und Leitungswasserschäden zu gering sind. Bislang ist noch keine Lösung für diese

---

[177] Vgl. AXA Deutschland (2017a).

[178] Vgl. R+V Allgemeine Versicherung AG (2018).

[179] Vgl. Hagen, P. (2018).

Herausforderung am Markt zu erkennen.[180] Ein weiterer nicht zu vernachlässigender Faktor ist die bereits starke branchenfremde Konkurrenz im Bereich Smart Home. Mit QIVICON haben die Deutsche Telekom und ihre Partner bereits eine fortschrittliche Plattform am Markt etabliert.[181]

Im Gegensatz zu den vorgestellten Smart Home Ökosystemen bieten ausländische Versicherer ihren Kunden bereits weiterführende Dienstleistungen an. Für vor- und nachgelagerte Dienstleistungen soll beispielhaft die Helvetia Versicherung in der Schweiz erwähnt werden. Mithilfe der Kooperationspartner Flatfox und MoneyPark können Immobilien gesucht, angemietet und auch bei Kauf finanziert werden. Handwerker zur Renovierung aber auch im Schadenfall werden dem Kunden über die Plattformen helfy und Jarowa vermittelt. Durch das Ökosystem soll nicht nur die Kundenbindung gesteigert werden, sondern es soll auch die Effizienz im Hypothekargeschäft sowie die Nachfrage nach Nichtlebengeschäft gesteigert werden. Anstiege werden ebenfalls bei Versicherungen für im Bau befindliche sowie fertige Gebäude und bei der Absicherung der Mietkaution erwartet.[182]

Ein weiteres ausländisches Beispiel ist die Europ Assistance aus Frankreich. Das Versicherungsunternehmen erlernt durch Bewegungssensoren das Verhalten und den Tagesrhythmus älterer Personen und reagiert in potenziellen Gefahrensituationen ähnlich wie bereits beim Pilotprojekt der R+V beschrieben. Jedoch kann Europ Assistance nicht nur bei Leblosigkeit, sondern auch bei untypischem Essverhalten oder vor sozialer Isolation warnen. Das intelligente System überprüft die verbrachte Zeit in der Küche und kann so ermitteln, wie regelmäßig die Bewohner essen. Es wird ebenfalls überprüft, wie häufig das

---

[180] Vgl. Experteninterview.

[181] Vgl. QIVICON (2018).

[182] Vgl. Helvetia Versicherungen/Helvetia Innovation Lab (2018), S. 6 f.

Haus verlassen wird. Unter anderem durch diese Faktoren können Rückschlüsse auf soziale Isolation gezogen werden.[183]

4.2.2 Ökosystem Mobilität

Das Ökosystem Mobilität aggregiert Sach- und Dienstleistungen rund um die Mobilität der Versicherungskunden. Versicherer waren im Kontext der Mobilität lange Zeit nur Schadenzahler und versuchen sich heute durch verschiedene Angebote als Mobilitätsdienstleister zu positionieren. Zum Leistungsportfolio gehört die gesamte Wertschöpfungskette vom Autokauf, über die Finanzierung, der Versicherung bis hin zur Inbetriebnahme.

In Abbildung 6 ist eine Auswahl der fortschrittlichsten Mobilitätsökosysteme deutscher Versicherungsunternehmen abgebildet. Nachfolgend wird näher auf den Status quo sowie die einzelnen Sach- und Dienstleistungen eingegangen.

---

[183] Vgl. Europ Assistance (2018).

Unternehmen	vorgelagerte Dienstleistung		Kernprodukt		nachgelagerte Dienstleistung		
	Autokauf / -verkauf	Finanzierung	Absicherung	Schaden- management	Werkstatt- dienstlstg.	Parken	Tanken
HUK-COBURG	✓	✓	✓	✓	✓		
Allianz	✓	✓	✓	✓			
SV SparkassenVersicherung			✓	✓	✓	✓	✓
HDI		✓	✓	✓		✓	✓
BGV			✓	✓		✓	✓
FRI:DAY			✓	✓		✓	✓
AXA	✓		✓	✓		✓	✓1)
VW	✓	✓	✓	✓	✓	✓	✓1)

■ Kernkompetenz   1) Pilotprojekt

Abbildung 6: Übersicht Ökosystem Mobilität Deutschland[184]

Über Kooperationen und den Aufbau interner Kompetenzen bieten bereits die Allianz, die AXA und die HUK-COBURG ihren Kunden die Möglichkeit (Gebraucht-) Wagen zu erwerben sowie den eigenen Wagen zu verkaufen; entweder in einem klassischen Autohaus oder über Online-Plattformen, die mit Händlern kooperieren bzw. zwischen Privatpersonen vermitteln.[185] Ein weiterer Versicherer, der für die eigenen Kunden in die Fahrzeugbeschaffung investiert, ist die ERGO Gruppe. Anfang 2019 veröffentlicht die ERGO eine Kooperation mit dem Leasing-Start-Up Fair. Das in Deutschland bislang noch unbekannte Geschäftsmodell ermöglicht es Privatkunden per App, gegen eine monatliche

---

[184] Eigene Darstellung; vgl. HUK-COBURG (2018a); Allianz SE (2018a); SparkassenVersicherung (2018); Service Partner Netzwerk (2018); HDI (2018); Badische Versicherungen (2018); FRIDAY (2018); ryd (2018a); AXA Deutschland (2018b); ryd (2018b); Volkswagen (2018a); Volkswagen (2018b).

[185] Vgl. HUK-COBURG (2018b); InstaMotion (2018); Allianz SE (2018b); AXA Deutschland (2018a).

Gebühr und ohne Mindestlaufzeit ein Gebrauchtfahrzeug zu leasen. Die ERGO beschreibt die Kooperation dabei als einen „wichtigen Baustein unseres Car-as-a-Service-Konzepts".[186]

Neben der Fahrzeugbeschaffung ermöglichen einige Versicherer ihren Kunden auch die Fahrzeugfinanzierung an. In Kooperation mit Banken werden dazu Finanzierungsmodelle angeboten.[187] Über den Versicherungsschutz hinaus werden von beinahe allen Versicherern zusätzliche versicherungsnahe Dienstleistungen, wie eine Mobilitätsgarantie durch Kooperation mit Pannendiensten, sofortige Hilfe im Schadenfall sowie Reparaturen im Werkstattnetz, angeboten. Außerhalb der Kernkompetenz von Versicherungen bieten sowohl die HUK-COBURG als auch die Allianz und SparkassenVersicherung zusätzliche Dienstleistungen in ihren oder kooperierenden Werkstattnetzen an. Kunden können Termine für den nächsten Reifenwechsel, die Haupt- oder Abgasuntersuchung vereinbaren und viele der Dienstleistungen auch zu Festpreisen durchführen lassen.[188] Weiterhin unterstützt die AXA ihre Kunden durch clever-PARKEN bei der Parkplatzsuche und anschließender bargeldloser Bezahlung.[189] In Kooperation mit dem Startup ThinxNet bieten der HDI, die SparkassenVersicherung, FRIDAY und die Badischen Versicherungen ihren Kunden die im Fahrzeug fest verbaute ryd-Box an. Kunden können dann beim Tanken sogenannte ryd-Punkte sammeln und diese gegen verschiedene Gutscheine eintauschen. Weitere Dienstleistungen, wie die Parkplatzsuche, Auslesen des Bordcomputers oder der GPS-Alarm bei Diebstahl, stehen zur Verfügung. HDI

---

[186] Vgl. ERGO (2019); Fair (2019).
[187] Vgl. HUK-COBURG (2018c); TARGOBANK (2018); Allianz SE (2018c).
[188] Vgl. HUK-COBURG (2018d); Service Partner Netzwerk (2018).
[189] Vgl. AXA Deutschland (2018c).

geht noch einen Schritt weiter als die Konkurrenten und belohnt seine Versicherungsnehmer bei umsichtiger Fahrweise mit weiteren ryd-Punkten.[190]

Insgesamt ist zu erkennen, dass zwischen den abgebildeten Versicherungsunternehmen deutliche Unterschiede in der Entwicklung der jeweiligen Ökosysteme bestehen. Diesen Eindruck verstärken die in Deutschland angebotenen Dienstleistungen der Premium-Autohersteller. Beispielsweise bietet der Volkswagen-Konzern seinen Kunden neben den offensichtlichen Services, wie Autokauf, Finanzierung, Versicherung und Werkstattdienstleistungen, auch noch über das Ökosystem Volkswagen We zahlreiche weitere Dienstleistungen an. Zusätzlich zu Parkserviceleistungen und Rabatten bei Kooperationspartnern werden noch Paketlieferungen in den Kofferraum des Fahrzeugs angeboten oder auch der umfangreiche Zugriff auf Systeme des Fahrzeugs über das Smartphone.[191] Über Mercedes Me werden dem Kunden noch zusätzlich Concierge Services sowie die Benutzung der Tochter- und Beteiligungsunternehmen car2go, moovel, FlixBus sowie mytaxi angeboten.[192] Ein Blick ins Ausland zu Vitality Drive von Discovery zeigt, dass ausländische Kfz-Versicherer ihren Kunden bereits umfangreiche Kooperationen mit Rabatten und monetären Vergütungen anbieten. Darunter fallen andere Mobilitätsdienstleister, wie Uber, Road Trip oder Scooter Angels, aber auch Reifenhersteller sowie Waschanlagen. Darüber hinaus wird die Teilnahme an Fahrkursen, Schulungen oder regelmäßigen Wartungen des Fahrzeugs belohnt.[193]

Die in Deutschland erkennbaren Ökosysteme stehen noch am Anfang ihrer Entwicklung. Besonders auffällig ist die äußerst benutzerunfreundliche

---

[190] Vgl. ryd (2018a).

[191] Vgl. Volkswagen (2018a).

[192] Vgl. Mercedes-Benz (2018).

[193] Vgl. Discovery Limited (2018a).

Nutzungsmöglichkeit der verschiedenen Ökosysteme. Keines der dargestellten Netzwerke ist über nur einen einzigen Zugangspunkt nutzbar. Es werden verschiedene Plattformen und Apps benötigt, um auf alle Services zugreifen zu können. Ebenso ist die Kenntnisnahme der angebotenen Dienstleistungen zum Teil schwer. Manche Services werden erst nach gezielter Suche erkenntlich und werden dem Kunden nicht direkt im Rahmen der anderen Mobilitätsservices angeboten. Die Voraussetzung, dass zur Verwendung der ThinxNet-Dienstleistungen ein Gerät im eigenen Auto verbaut werden muss, beeinträchtigt die Kundenfreundlichkeit zusätzlich.

4.2.3 Ökosystem Gesundheit

Das Ökosystem Gesundheit aggregiert Sach- und Dienstleistungen, die den Kunden zu einem gesünderen Leben oder schnellerer Genesung im Krankheitsfall verhelfen. Die in Deutschland erkennbaren Ökosysteme in dem Bereich sind aufgrund ihrer Heterogenität nur schwer vergleichbar.

In Abbildung 7 ist eine Auswahl der fortschrittlichsten Gesundheitsökosysteme deutscher Versicherungsunternehmen abgebildet. Sowohl aufgrund der Vielzahl von Ökosystemen als auch der angebotenen Services, stellt die Abbildung lediglich eine Auswahl der fortschrittlichsten Ökosysteme und Services dar. Nachfolgend wird auf den Status quo sowie die einzelnen Sach- und Dienstleistungen näher eingegangen.

Unternehmen	vorgel. DL Gesundheitstest	Kernprodukt Versicherung	nachgelagerte Dienstleistung Gesundheitsakte	Fachliche Beratung	Terminvereinbarung	Teleklinik	USP[1]
GENERALI	✓	✓					✓✓
DKV	✓	✓	✓	✓	✓		✓
Gothaer	✓	✓	✓	✓		✓	
ottonova	✓ [3]	✓	✓	✓	✓	✓ [2]	
HUK-COBURG	✓	✓	✓ [3]	✓	✓ [3]	✓ [2]	
HanseMerkur		✓		✓	✓	✓	
Debeka		✓	✓	✓	✓	✓ [3]	
AXA		✓	✓	✓	✓	✓ [2]	

■ Kernkompetenz [1] Unique Selling Proposition, Erläuterung im Text [2] Online-Sprechstunde [3] Pilotprojekt

Abbildung 7: Übersicht Ökosystem Gesundheit Deutschland[194]

Die vorgelagerten Dienstleistungen umfassen in den untersuchten Gesundheitsökosystemen das Ermitteln des Gesundheitszustandes mithilfe von Fragebögen sowie das Durchführen von Vorsorgeuntersuchungen, bspw. Impfungen. Die Versicherungsleistungen der angebotenen Krankenversicherungen unterscheiden sich nicht signifikant voneinander. Es werden entweder Krankenzusatz- oder Krankenvollversicherungen angeboten. Einzig die Generali bietet in ihrem Gesundheitsökosystem nur Erwerbs- und Berufsunfähigkeitsversicherungen sowie Risikolebensversicherungen an.

---

[194] Eigene Darstellung; vgl. Generali (2018b); Deutsche Krankenversicherung (2018); ERGO (2018b); Gothaer (2018); HUK-COBURG (2018e); Vivy (2018); ottonova AG (2018); HanseMerkur (2018); Schlingensiepen, I. (2018); Debeka (2018); AXA Deutschland (2018d); CompuGroup Medical (2017); AXA Deutschland (2018e).

Von den Versicherungsunternehmen werden eine Vielzahl von nachgelagerten Dienstleistungen angeboten, sodass nur einige beispielhaft zu erwähnen sind. Es werden Gesundheits- und Ernährungstipps, fachliche Beratung in medizinischen Fragen oder auch Empfehlungen von Ärzten und Krankenhäusern angeboten. Deutlich seltener wird den Kunden die Möglichkeit gegeben Arzttermine zu vereinbaren, eine Gesundheitsakte anzulegen oder auf Telemedizin zuzugreifen. Auch Kooperationen mit branchenfremden Unternehmen sind eher selten. Die AXA sowie die Central kooperieren beispielsweise mit Mister Spex und bieten ihren Kunden Nachlässe auf Brillen und Kontaktlinsen an. Ferner kooperieren sowohl die AXA als auch die Allianz mit ausgewählten (Online-) Apotheken und bieten ihren Kunden Rabatte sowie direkte Abrechnungen zwischen der Apotheke und der Krankenversicherung an.[195] Die HanseMerkur kooperiert beispielsweise mit FitnessRaum, einem Online-Fitness-Studio.[196] Das Vitality-Programm der Generali bietet ihren Kunden ebenfalls Vergünstigungen bei ausgewählten Partnern an, bspw. Adidas, allyouneed (Online-Supermarkt) oder Fitness First.[197] Die Incentivierung sportlicher Aktivitäten wird sogar nur von der Generali angeboten und stellt somit eine Unique Selling Proposition (USP) dar. Mithilfe eines eigenen Loyalitätsprogrammes, einem häufig benutzten Instrument der Kundenbindung, werden Punkte gesammelt, die gegen Belohnungen eingetauscht werden können. Besonders die Generali und die Deutsche Krankenversicherung (DKV) heben sich durch einzigartige Dienstleistungen von den restlichen Ökosystemen ab. Die Generali bietet Kunden die Verwendung durch Wearables erhobener Daten an. So werden sportliche Aktivitäten entsprechend aufgezeichnet und mit Loyalitätspunkten belohnt. Bei einer ausreichenden Anzahl gesammelter Punkte erhöht sich der Mitgliedsstatus des Kunden und weitere Belohnungen werden freigeschaltet. Die DKV hingegen

---

[195] Vgl. AXA Deutschland (2018f); Generali (2017); Allianz SE (2018d); Linda Apotheken (2018).

[196] Vgl. HanseMerkur (2019).

[197] Vgl. Generali (2018c).

ermöglicht Angehörigen von pflegebedürftigen Familienmitgliedern, sich per App über die Medikamenteneinnahme, Pflegedienstbesuche sowie Vitalwerte der betroffenen Person zu informieren.

Es ist zu erkennen, dass die Generali mit dem Vitality-Programm einen anderen Ansatz als der Markt verfolgt. Der Umfang des Ökosystems wird in Abbildung 7 nicht angemessen abgebildet, da sich die restlichen Anbieter als Krankenversicherer positionieren. Durch die Integration von Wearables, die Incentivierung sportlicher Aktivitäten sowie die Förderung gesunder Ernährung mithilfe entsprechender Kooperationspartner ist Vitality das wohl innovativste Gesundheitsökosystem in Deutschland. Es wird eine Vielzahl von versicherungsfremden Dienstleistungen und Partnerunternehmen aus dem Bereich der Prävention in das Ökosystem eingebunden. Bei genauerer Betrachtung der angebotenen Dienstleistungen des Versicherungsmarktes wird deutlich, dass die meisten der Services stark an das eigentliche Versicherungsprodukt angelehnt sind. In Ökosystemen geht es jedoch darum, verschiedene Branchen zu kombinieren und dadurch einzigartige und benutzerfreundliche Leistungen anzubieten. Die aufgeführten Ansätze sind dennoch als Ökosysteme zu bezeichnen, denn trotz der starken Versicherungsnähe gehen die Services weit über den eigentlichen Versicherungsschutz hinaus. Besonders deutlich wird dieser Unterschied im direkten Vergleich mit regulären Leistungen von Krankenversicherern.

Im Bereich der digitalen Gesundheitsakte sind zwei sich aktuell entwickelnde Plattformlösungen besonders hervorzuheben: „Vivy" einem Kooperationsprojekt privater und gesetzlicher Versicherer sowie das Portal „Meine Gesundheit" der AXA. Beide Initiativen wollen übergreifend Anbieter auf einer Plattform vereinen, um sowohl den Kunden als auch den anderen beteiligten Parteien signifikante Mehrwerte zu liefern. Auf den offenen Plattformen werden Krankenversicherer, Ärzte, Krankenhäuser und Endverbraucher zusammengeführt. Es sollen möglichst einfache und effiziente Prozesse in der Krankenversicherung geschaffen werden. Dabei geht es um das Einsehen und Verwalten medizinischer Unterlagen, Leistungsabrechnungen sowie weiterer Services.[198] Bereits eine Vielzahl von Unternehmen hat sich den Plattformen angeschlossen und weitere haben die Teilnahme angekündigt.[199]

Eine der größten Herausforderungen für Gesundheitsökosysteme ist die Akzeptanz und damit die Teilnahme der unterschiedlichen Unternehmen und Ärzte an den bestehenden Konzepten.[200] Besonders deutlich wird die These durch einen Vergleich der Kooperationspartner von Generali Vitality, John Hancock Vitality aus den USA sowie dem Original Discovery Vitality aus Südafrika. In Deutschland kooperieren namenhafte Unternehmen nur sehr zögerlich oder gar nicht mit dem Vitality-Programm.[201] Eine weitere Herausforderung bei der Findung von Kooperationspartnern könnten mangelhafte IT-Infrastrukturen bei den Anbietern sein, die eine Integration erschweren.

Zum Vergleich der Ökosysteme in Deutschland mit einem erheblich reiferen Ökosystem wird das Vitality-Programm von Discovery herangezogen. Discovery hat mit Vitality ein digitales Ökosystem aufgebaut, das Versicherte für gutes Verhalten im Hinblick auf die eigene Gesundheit belohnt. Über die App oder Online-Plattform können Teilnehmer auf ihre Gesundheitsdaten und errungenen Erfolge zugreifen. Angeboten werden Kranken- und Lebensversicherungsprodukte, die in Kombination mit diversen Kooperationspartnern außerhalb der Versicherungsbranche präventives Verhalten in Form von Aktivitätszielen und anderen Gamification-Elementen fördern.[202] Die Teilnehmer des Ökosystems kommen in den Genuss durch Kooperationen mit Fitnessstudios,

---

[198] Vgl. Vivy (2018); CompuGroup Medical (2017).
[199] Vgl. Debeka (2017); Versicherungskammer Bayern (2018); Vivy (2018); HUK-COBURG (2018f).
[200] Vgl. AXA Deutschland (2017b).
[201] Generali (2018b); Discovery Limited (2018b); John Hancock (2018).
[202] Vgl. Vitality (2017b).

Einzelhändlern, Supermärkten, Reiseagenturen, Kinos und Weiteren eine Viel-zahl von vergünstigten Sach- und Dienstleistungen zu erwerben.[203] Daten wer-den mittels Wearables erhoben. Die Geräte werden von den Teilnehmern re-gelmäßig getragen, um für sportliche Aktivitäten und ausreichend Bewegung durch Punkte belohnt zu werden. Mehr als 20 Datenanbieter speisen gewon-nene Kundendaten in das Vitality-Programm ein. Dazu zählen Anbieter von Fit-nesstrackern und Wearables, Dienstleister von Gesundheitstests und -coachings sowie Supermärkte.[204] Das digitale Ökosystem wird somit stets mit aktuellen Daten über die Gesundheit und den Lebensstil der Kunden versorgt. Discovery geht sogar so weit, dass es Teilnehmern ermöglicht wird, sich eine Apple Watch zu erarbeiten, ohne dafür auch nur einen Cent zahlen zu müssen; es genügt, die monatlichen persönlichen Aktivitätsziele zu erreichen.[205] Neben den Versicherungsprodukten, den Dienstleistungen und anderen Vergünsti-gungen bietet Discovery auch in Kooperation mit Visa eine eigene Kreditkarte an. Kunden erhalten für Umsätze mit der Karte sogenannte Discovery-Meilen, die wieder für Prämien von den Kooperationspartnern eingetauscht werden können.[206]

Das Ökosystem von Discovery funktioniert nachweislich sehr gut. Durch Ra-batte auf gesunde Lebensmittel, wie Obst und Gemüse, haben die Einkäufe der Vitality-Teilnehmer dieser Produkte nachweislich zugenommen.[207] Neben der gesünderen Lebensweise der Versicherten und damit auch geringeren Leis-tungsausgaben von Discovery, verhilft das Ökosystem durch regelmäßige

---

[203] Vgl. Rapberger, W.; Schimmer, M. (2017), S. 7.

[204] Vgl. Hocking, J. et al. (2015), S. 27 f.

[205] Vgl. John Hancock (2017).

[206] Vgl. Vitality (2018).

[207] Vgl. Sturm, R. et al. (2013), S. 3 ff.

Interaktionen zu insgesamt geringeren Stornoquoten – bis zu 60 %.[208] Die Harvard Universität hat über drei Jahre hinweg die Auswirkungen des Vitality-Programms untersucht und konnte dabei feststellen, dass medizinische Kosten in Höhe von rund 5 Mio. USD durch Vitality eingespart wurden. Das sind rund 30 % geringere Krankheitskosten.[209]

4.3 Zwischenfazit

Das Kapitel „Status quo digitaler Ökosysteme in der Versicherungswirtschaft" verdeutlicht den signifikanten Unterschied zwischen dem ausländischen Ökosystem von ZhongAn und den aktuellen Ökosystemen in Deutschland.

ZhongAn ist derzeit als einer der weltweiten Vorreiter digitaler Ökosysteme zu bezeichnen. Das Unternehmen fokussiert sich auf hochmoderne technische Infrastrukturen und kooperiert mit einer Vielzahl von Partnern in verschiedenen Lebensbereichen der Kunden und unterschiedlichen Rollen innerhalb des Ökosystems. ZhongAn ist insgesamt ein gutes Vorzeigebeispiel für Ökosysteme in der Versicherungswirtschaft.

Die aufgezeigten Ökosysteme in Deutschland hingegen befinden sich noch in einem sehr frühen Stadium ihrer Entwicklung. Es gibt bisher wenige Ansätze und die vorhandenen Ökosysteme sind noch sehr unausgereift. Wenige der Ökosysteme bieten den Kunden bereits echte Mehrwerte bei der Benutzung. Kaum eines der untersuchten Ökosysteme ist bereits vollständig digital und in keinem der untersuchten Ansätze werden Daten in erheblichem Umfang ausgetauscht und ausgewertet.[210] Anhand von Abbildung 8 wird verdeutlicht, dass

---

[208] Vgl. Hocking, J. et al. (2015), S. 27 f.; Cusano, J.; Starrs, A. (2017), S. 8; John Hancock (2017); Discovery Limited (Hg.) (2015), S. 22 f.

[209] Vgl. McKesson (2016), S. 3; Vitality (2017a).

[210] Vgl. Experteninterview.

zwischen den Ökosystemen Smart Home, Mobilität und Gesundheit signifikante Unterschiede bezüglich der Fortschritte der Ansätze vorhanden sind. Die
aktuellen Gesundheitsökosysteme sind unter Berücksichtigung des Digitalisie-
rungsgrades am fortschrittlichsten. Darüber hinaus verdeutlicht die in der Abbildung eingezeichnete Einschätzung zum Entwicklungsstand des Marktes,
dass der Großteil der Wettbewerber in ihren Bemühungen weit abgeschlagen
ist. Nicht in der Untersuchung berücksichtigt, aber ebenfalls festzustellen sind
die häufigeren Interaktionen von Kunden im Gesundheitsökosystem gegenüber
den Ökosystemen Smart Home und Mobilität.

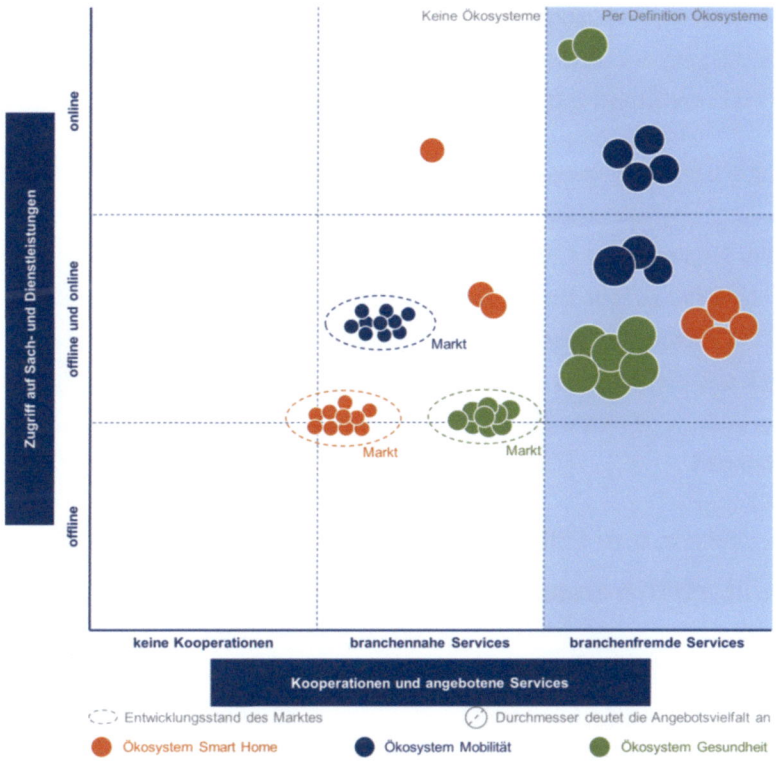

Abbildung 8: Heatmap Ökosysteme Deutschland[211]

Weiterhin ist zu betonen, dass trotz der jüngeren IT-Infrastrukturen digitaler Versicherer keine bedeutenden Unterschiede der Ökosysteme zu denen etablierter Unternehmen aufgefallen sind. Auch besteht kein signifikanter Zusammenhang zwischen der Größe des Unternehmens und dem Reifegrad des Ökosystems. Einige der großen Versicherer haben nicht einmal Ansätze von Ökosystemen veröffentlicht. Insgesamt ist festzuhalten, dass es in Deutschland

---

[211] Eigene Darstellung; vgl. Kapitel 4.2.

aktuell kein Ökosystem gibt, welches den anderen deutlich überlegen ist. Unter Berücksichtigung der laufenden Pilotprojekte ist jedoch festzustellen, dass die Aktivitäten in der Branche zunehmen und auch innovativer werden.

Neben den bereits vorhandenen Ökosystemen werden zukünftige Entwicklungen versicherungsrelevanter Ökosysteme in den Lebensbereichen persönliche Finanzen, Reisen sowie Cyber erwartet.[212] Insbesondere im Bereich der persönlichen Finanzen bzw. des Financial Homes zeigt der Markt vermehrte Aktivitäten. Die Allianz positioniert sich eindeutig sowohl mit Investments in die Online-Bank N26 als auch der Ankündigung zum Start der Finanzplattform Iconic Finance. Weitere deutsche Versicherungskonzerne arbeiten fokussiert an eigenen Lösungen.

5   Relevanz und Potenzial digitaler Ökosysteme in der deutschen Versicherungswirtschaft

Das nachfolgende Kapitel zeigt die Relevanz und das Potenzial digitaler Ökosysteme in der deutschen Versicherungswirtschaft ausgehend vom Status quo auf. Anhand der gewonnenen Erkenntnisse aus den Experteninterviews wird in dem ersten Abschnitt die Relevanz digitaler Ökosysteme für die Versicherungsunternehmen bewertet. In dem zweiten Abschnitt werden fünf Potenziale aus den vorherigen Untersuchungen der Arbeit abgeleitet und anschließend erläutert.

5.1   Relevanz digitaler Ökosysteme

Die Frage nach der Relevanz digitaler Ökosysteme ist einfach zu beantworten. Sowohl die Erhebung des Status quo als auch die Experteninterviews deuten

---

[212] Vgl. Experteninterview.

auf eine hohe Relevanz digitaler Ökosysteme für die deutsche Versicherungs-wirtschaft hin. Die These lässt sich unter anderem durch die vier nachfolgenden Argumente bekräftigen. Der **Status quo zeigt deutliche Aktivitäten** verschie-dener Gesellschaften **innerhalb des Versicherungsmarktes**. Es werden mit den drei vorgestellten Ökosystemen Smart Home, Mobilität und Gesundheit verschiedene Geschäftsbereiche der Unternehmen angesprochen. Die getätig-ten Beobachtungen werden zusätzlich durch **Investitionen in und Beteiligun-gen an versicherungsfremden Unternehmen** bekräftigt.[213] So investiert die Allianz Deutschland bspw. in drei verschiedene Unternehmen im Bereich des Automobilhandels,[214] kooperiert mit VISA und Wirecard für mobile Bezahlser-vices,[215] mit Runtastic bei dem Gesundheitsportal all-active[216] und arbeitet in China mit dem Online-Händler JD zusammen.[217]

Neben den beiden aufgeführten Gründen wird die Bewertung der **hohen Rele-vanz digitaler Ökosysteme** über die internen strategischen Ausrichtungen be-gründet. Die interviewten Branchenexperten bestätigten mehrheitlich, dass sich die Gesellschaften intensiv mit dem Aufbau und der Beteiligung digitaler Öko-systeme beschäftigen. Unter anderem sind innerhalb des Generali-Konzerns sowie der Gothaer der Aufbau digitaler Ökosysteme konkret in der strategi-schen Planung verankert worden.[218] Als Marktbeobachter bezeichnete Dr. Kiera die Relevanz digitaler Ökosysteme sogar als Überlebensfrage für die Un-ternehmen. Wer sich nicht damit beschäftigt, der „wird irrelevant werden".[219] Der Experte der Swiss Re betont darüber hinaus, dass digitale Ökosysteme

---

[213] Vgl. Experteninterview.

[214] Vgl. Reccius, S. (2018); Wirtschaftswoche (2018); Allianz SE (2016).

[215] Vgl. Handelsblatt (2018).

[216] Vgl. Gröger, A.-C. (2018).

[217] Vgl. Herz, C. (2018).

[218] Vgl. Experteninterview.

[219] Vgl. Experteninterview.

noch nicht reif genug sind, um in ihrer vollen Ausprägung im Versicherungs- und Finanzsektor aufzutreten. Ein Großteil der Ressourcen wird derzeit noch für die Modernisierung veralteter IT-Systeme aufgebracht.[220] Trotz der hohen Relevanz wird durch die Experteninterviews auch deutlich, dass die operative Umsetzung der Strategien bislang noch nicht vollständig von den Unternehmen definiert worden ist. Zurzeit wird nach potenziellen Kooperationspartnern gesucht und erste Gespräche werden geführt.[221]

Der vierte Grund für die These der hohen Relevanz sind die Antworten auf die **Frage nach wichtigeren Trends als digitalen Ökosystemen**. Die Interviewpartner nannten neben regulatorisch zwingenden Anforderungen **keine wesentlichen Trends**, die zurzeit priorisiert verfolgt werden. Es ist also festzuhalten, dass Versicherungsunternehmen in Deutschland digitalen Ökosystemen eine sehr hohe strategische Relevanz zuordnen.

Trotz der insgesamt hohen Relevanz wiesen die Experten darauf hin, dass die verschiedenen Ökosysteme unterschiedlich intensiv bearbeitet werden. Die Komplexität, die ausgeprägte Wettbewerbssituation und auch der Kapitaleinsatz beim Aufbau digitaler Ökosysteme sind zentrale Gründe für die Unternehmen, sich auf ihre Stärken zu fokussieren. Je nach Unternehmensstrategie und abhängig von der potenziellen Rolle im zukünftigen Netzwerk variiert die Relevanz des jeweiligen Ökosystems für das Versicherungsunternehmen. So ist beispielsweise der deutsche Smart Home Markt stark fragmentiert. Die Nutzer haben den Mehrwert von Sicherheitshardware bislang noch nicht erkannt und empfinden die Verwendung von Unterhaltungselektronik oder die Steuerung der Heizung als wichtiger. Marktbegebenheiten wie diese führen dazu, dass

---

[220] Vgl. Experteninterview.
[221] Vgl. Experteninterview.

Ländergesellschaften der Versicherer unterschiedliche Rollen in Ökosystemen für sich beanspruchen.[222]

Es ist deutlich anspruchsvoller ein Ökosystem aufzubauen, als lediglich einem bestehenden Netzwerk als Dienstleister beizutreten. Die Unternehmen müssen genau abwägen, welche Rolle sie bekleiden wollen. Neben der Unternehmensausrichtung ist auch die Marke des Versicherers ein wichtiger Faktor für die Position im Ökosystem. So gibt es im Bereich Mobilität mit den Autoherstellern deutlich stärkere Wettbewerber und Marken als bspw. im Gesundheitsökosystem. Nur wenige Unternehmen in Deutschland werden den Anspruch auf Ökosystemführerschaft im Bereich Mobilität erheben können. Insgesamt ist bei digitalen Ökosystemen die kongruente Assoziation der Kunden mit dem führenden Unternehmen wichtig. Versicherer befinden sich im Bereich Mobilität angesichts der untergeordneten Funktion von Versicherungen und der starken Konkurrenz in keiner sonderlich guten Ausgangssituation, um das Ökosystem Mobilität für sich zu beanspruchen. Gleichzeitig betonen die Experten, dass die Relevanz der Versicherungsunternehmen auch in diesem Bereich weiterhin sichergestellt werden muss. Umgesetzt werden soll das Vorhaben durch zusätzliche Serviceleistungen wie Roadside Assistance im Schadenfall oder auch Concierge Services.[223]

Zusammengefasst ist die Relevanz digitaler Ökosysteme für die deutschen Versicherungsgesellschaften insgesamt hoch, variiert jedoch je nach Ausprägung des Ökosystems und strategischer Ausrichtung des Unternehmens. Die

---

[222] Vgl. Experteninterview.
[223] Vgl. Experteninterview.

Relevanz wird in den nächsten Jahren weiterhin hoch bleiben und tendenziell sogar zunehmen.[224]

5.2   Potenzial digitaler Ökosysteme

Mithilfe der Erkenntnisse aus der Sekundärliteratur sowie den umfangreichen Experteninterviews lassen sich Tendenzaussagen zu dem Potenzial digitaler Ökosysteme für die deutsche Versicherungswirtschaft ableiten. Wie bereits aufgezeigt ist die Versicherungsbranche geprägt von sehr homogenen Versicherungsprodukten und Serviceleistungen. Es gibt nur wenige wirkliche Differenzierungsmerkmale zwischen den Unternehmen. Zusätzlich leidet die Branche insgesamt unter wenigen Kundeninteraktionen und tendenziell geringer Kundenloyalität. Darüber hinaus ist in den letzten Monaten und Jahren eine hohe Anzahl neuer Wettbewerber in den Markt eingetreten. Sowohl branchenfremde Unternehmen als auch digitale Versicherer sind hinzugekommen. Weiterhin haben Versicherungsunternehmen mit ihren veralteten IT-Infrastrukturen und den aufwendigen Entscheidungsprozessen nicht die besten Voraussetzungen, um sich an die schnellen technologischen Entwicklungen des Marktes anzupassen. Damit der Anschluss zu anderen Unternehmen nicht verloren wird, ist die Etablierung neuer Technologien von großer Bedeutung. Auch die steigenden Versicherungsaufwendungen sind immer wieder ein Grund für Unmut bei Versicherern.

Abbildung 9 zeigt die verschiedenen Potenziale digitaler Ökosysteme und wie diese sich untereinander beeinflussen.

---

[224] Vgl. Experteninterview.

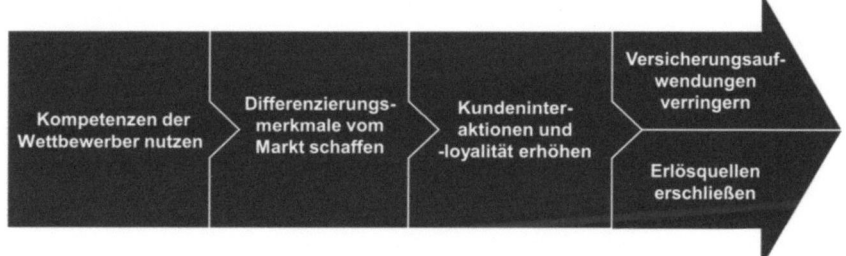

Abbildung 9: Übersicht Potenziale digitaler Ökosysteme[225]

Mit digitalen Ökosystemen haben Versicherungsunternehmen die Möglichkeit, auf die aufgeführten Herausforderungen angemessen zu reagieren. Potenzial weisen die **Kompetenzen der Wettbewerber** auf, die für den Aufbau digitaler Ökosysteme genutzt werden können. Mithilfe neu entstehender Sach- und Dienstleistungen kann es Versicherern gelingen **Differenzierungsmerkmale** vom Markt zu schaffen sowie dadurch ihre **Kundeninteraktion und -loyalität** zu erhöhen. Dank der häufigeren Kundeninteraktionen haben Versicherungsunternehmen insgesamt bessere Kundendaten. Diese können genutzt werden, um die **Versicherungsaufwendungen** zu reduzieren. Außerdem bieten digitale Ökosysteme das Potenzial, neue **Erlösquellen** zu erschließen sowie bestehende Kundenbeziehungen zu intensivieren.

5.2.1   Kompetenzen der Mit- und Wettbewerber nutzen

Bei Analyse des deutschen Versicherungsmarktes fällt auf, dass sich in der letzten Zeit einige neue Wettbewerber aufgetan haben. Die neu in den Markt eintretenden Wettbewerber beschränken sich dabei oftmals auf bestimmte Sparten oder ausgewählte Teile der Wertschöpfungskette. Weiterhin zeichnen

---

[225] Eigene Darstellung.

sie sich durch effiziente Prozesse und damit meist günstigere Preise aus. Beispielsweise beschränkt sich Check24 auf den Vertrieb von Versicherungsprodukten, Autohersteller bieten nur Kfz-Versicherungen an und digitale Versicherer punkten durch automatisierte Antrags- und Schadenprozesse. Das Insur-
Tech Element fokussiert sich auf das Backoffice von Versicherungsunternehmen und bietet die gesamte IT-Infrastruktur sowie das notwendige versiche-
rungstechnische Know-how an, um in Kooperation mit Vertriebsplattformen
Versicherungsprodukte anzubieten. Der lizensierte Online-Versicherer ermöglicht Unternehmen mit Kundenschnittstelle, wie Online-Händlern, den Zugang
zu individuellen Versicherungslösungen für ihre Kunden.[226] Bei Analyse der
neuen Wettbewerber wird deutlich, dass etablierte Serviceversicherer, die
meist unter alten IT-Systemen und teuren Vertriebsorganisationen leiden, stark
spezialisierte Konkurrenten haben. Die Wachstumszahlen von Check24 und
den Versicherungstöchtern der Automobilhersteller zeugen bislang von erfolg-
reichen Markteintritten.[227] Wie sich die technisch überlegenen digitalen Versicherer im Markt etablieren werden, bleibt noch abzuwarten. Mit digitalen Ökosystemen haben Versicherer jedoch das Potenzial, in Kooperation mit diesen
und anderen spezialisierten Anbietern zusammenzuarbeiten und gemeinsam
ihre Stärken einzusetzen. Darunter fallen sowohl die Produkte als auch die so
wichtige Benutzerfreundlichkeit, die mit der technischen Integration in eine
Plattform einhergeht.[228] Bei der Etablierung technisch modernster IT-Infrastrukturen helfen Unternehmen wie Element und KASKO den etablierten Versicherern ausgewählte Teile ihrer Wertschöpfungskette effizient auszulagern und zu
automatisieren. Die Bereitschaft der Versicherungsmanager zu solchen

---

[226] Vgl. Element (2018); Experteninterview.

[227] Vgl. Volkswagen Financial Services AG (2018b), S. 11 f.; Handelsblatt (2016); Preißler, S.
(2017).

[228] Vgl. Experteninterview.

Kooperationen nimmt nach Aussage des Chief Sales Officer von Element deutlich zu.[229]

Durch den Vergleich mit den großen Technologieunternehmen wie ZhongAn wird deutlich, wie wertvoll beispielsweise die Nutzung erhobener Kundendaten sein kann. Dank voranschreitender technischer Entwicklungen können Kundendaten immer besser erhoben und ausgewertet werden. Es können Zusammenhänge und Kundenbedürfnisse identifiziert werden, um noch individuellere Angebote zu erstellen. Weiterhin bietet die Automatisierung das Potenzial, viele Prozesse deutlich schneller und günstiger abzubilden. Insgesamt können die allgemeinen Betriebskosten der Unternehmen gesenkt und Gewinne gesteigert werden.[230] Noch wichtiger ist jedoch die Tatsache, dass moderne IT-Infrastrukturen die Grundlage für Kundenbegeisterung sind.

Insgesamt birgt die Zusammenarbeit zwischen Mit- und Wettbewerbern großes Potenzial für zukünftigen Unternehmenserfolg. Branchenübergreifende und hochspezialisierte Anbieter begünstigen das Entstehen von Netzwerkeffekten und steigern gegenüber ihren Kunden gegenseitig die Attraktivität der angebotenen Sach- und Dienstleistungen. Die Ökosystemteilnehmer verbessern durch die erfolgreiche Zusammenarbeit ihre jeweilige Markenbekanntheit und gleichzeitig das Vertrauen in die beteiligten Unternehmen.

5.2.2   Differenzierungsmerkmale vom Markt schaffen

Ein Ergebnis der Marktanalyse ist die auffällige Homogenität der Versicherungsprodukte und dazugehörigen Dienstleistungen. Die versicherten Gefahren und Versicherungssummen unterscheiden sich bei den Anbietern nur

---

[229] Vgl. Experteninterview.

[230] Vgl. Ralph, O. (2018).

geringfügig. Wenige Anbieter stechen durch innovative Produkt- oder Serviceideen hervor.[231] FRIDAY hat sich bei Veröffentlichung einer monatlich kündbaren Kfz-Versicherung, die nach den tatsächlich gefahrenen Kilometern berechnet wird, von der Masse abgehoben.[232] Die geringe Dauer der Differenzierung wird bei späterer Untersuchung des Marktes deutlich. Innerhalb kürzester Zeiten bieten mit nexible, R+V24 und Emil bereits drei Anbieter ebenfalls Kfz-Produkte mit monatlicher Vertragslaufzeit an.[233] Kilometergenaue Abrechnung wird durch Emil in Kooperation mit der Gothaer angeboten.[234]

Es wird deutlich, dass in der Versicherungsbranche sowohl aus technischer als auch aus regulatorischer Sicht Produktinnovationen schnell von Wettbewerbern adaptiert werden können. Um sich nachhaltig vom Markt zu unterscheiden, müssen Versicherungsunternehmen mehr tun, als nur ihre Versicherungsbedingungen anzupassen. Digitale Ökosysteme haben das Potenzial, sich durch Synergieeffekte aus den Kooperationen verschiedener Branchen neu zu positionieren. Es können innovative Angebote erschaffen werden, die sich nicht so leicht substituieren lassen.[235]

5.2.3   Kundeninteraktionen und -loyalität erhöhen

Neben homogenen Versicherungsprodukten fallen außerdem die geringen Interaktionen der Branche mit ihren Kunden auf. Innerhalb eines digitalen Ökosystems neu geschaffene Sach- und Dienstleistungen zielen darauf ab, ein ganz bestimmtes Kundenbedürfnis oder eine Lebenssituation zu befriedigen.[236]

---

[231] Vgl. Experteninterview.
[232] Vgl. FRIDAY (2018).
[233] Vgl. nexible (2018); CHECK24 (2018); EMIL Deutschland AG (2019).
[234] Vgl. EMIL Deutschland AG (2019).
[235] Vgl. Experteninterview.
[236] Vgl. Experteninterview.

Beispielsweise ist der Wunsch nach Mobilität oder einem gesunden Leben ein typischer Kundenwunsch. Diese menschlichen Bedürfnisse bieten Anbietern entsprechender Dienstleistungen das Potenzial zu hochfrequenten Kundeninteraktionen.[237] So begleitet der Wunsch nach Mobilität die Menschen tagtäglich. Wenn Versicherungsunternehmen es schaffen, kundenorientierte und benutzerfreundliche Ökosysteme für diese Alltagssituationen zu etablieren, dann haben sie die Möglichkeit, im täglichen Austausch mit ihren Kunden zu stehen. Neben deutlich ansteigenden Interaktionsfrequenzen besteht ebenfalls das Potenzial, bei überzeugenden Services die Kundenzufriedenheit sowie langfristig die Kundenloyalität zu steigern. Darüber hinaus werden die Versicherungsprodukte und die Marke des Versicherers in einem eigenen Ökosystem deutlich erlebbarer als sie es jetzt sind.[238] Eine Bestätigung dieser These ist in den Ökosystemen von Alphabet, Amazon und Apple zu finden. Alle drei Konzerne haben intensiven Kundenkontakt und erzielen in Zufriedenheitsbefragungen überzeugende Ergebnisse.[239]

5.2.4   Versicherungsaufwendungen reduzieren

Digitale Ökosysteme haben das Potenzial, die Schadenaufwendungen von Versicherungsunternehmen signifikant zu senken.[240] In dem Ökosystem Smart Home wird deutlich, dass durch den Einbau vernetzter Sicherheitstechnik das Schadenausmaß versicherter Risiken signifikant reduziert werden kann. Im Falle eines Lecks oder Rohrbruches werden sowohl der Eigentümer als auch der Versicherer frühzeitig darüber in Kenntnis gesetzt; genauso bei den versicherten Gefahren Brand oder Einbruch. Durch die frühzeitige Information

---

[237] Vgl. Experteninterview.

[238] Vgl. Experteninterview.

[239] Vgl. Feinberg, E. et al. (2016), S. 13, 15, 19, 30; DiMeglio, D. (2018).

[240] Vgl. Ralph, O. (2018); Experteninterview.

eintretender Schäden besteht eine reelle Möglichkeit, rechtzeitig Schadenminderungsmaßnahmen einzuleiten. Weiterhin kann der Versicherer aufgrund der
frühen Kenntnisnahme über den Schaden und das mögliche Ausmaß sowie die
Ursache durch gezieltes Schadenmanagement seine Aufwendungen deutlich
verringern. Im Kfz-Bereich bereits weitverbreitet, werden kooperierende Handwerker in der Sachversicherung bislang zurückhaltend eingesetzt. Der entste-
hende Kostenvorteil, der wiederum in Form geringerer Versicherungsprämien
an den Kunden weitergegeben werden kann, ist jedoch nicht von der Hand zu
weisen. Bei Analyse der gesamten Kosten eines Versicherungsunternehmens
wird deutlich, dass Schadenaufwendungen und damit verbundene Kosten einen Großteil der jährlichen Ausgaben eines Versicherungsunternehmens aus-
machen. Einsparungen bei Leistungsaufwendungen stellen folglich einen großen Hebel für das gesamte Konzernergebnis dar.[241]

5.2.5   Zusätzliche Erlösquellen erschließen

Neben den bereits erläuterten Potenzialen können mithilfe von digitalen Ökosystemen zusätzliche Erlösquellen erschlossen werden. Bestehende Zielgruppen werden durch intensiveren Kundenkontakt besser penetriert und bedeuten
im Durchschnitt bei mehr Umsatz geringere Kosten. Neue Kunden anderer
Ökosystemteilnehmer sind bislang unerschlossene Zielgruppen und werden
durch die Kollaborationen zu potenziellen Neukunden. Je nach Rolle und Ver-
einbarung innerhalb des Ökosystems besteht darüber hinaus die Möglichkeit,
weitere Einnahmen zu generieren. Der Orchestrator befindet sich in einer guten
Machtposition, um Umsatzbeteiligungen oder Ähnliches zu verlangen.[242] Bestätigt wird diese These durch den brasilianischen Versicherer Porto Seguro,

---

[241] Vgl. Allianz SE (2018e), S. 12: Die Schadenaufwendungen der Allianz waren 2017 mehr als
doppelt so hoch wie die angefallenen Betriebskosten.

[242] Vgl. Experteninterview.

der seinen Kunden mit 20 eigenständigen Gesellschaften zahlreiche Dienstleistungen anbietet. Nicht nur, dass der Versicherer das nationale NPS-Ranking anführt, er erwirtschaftete 2017 dadurch auch Nettogewinne in Höhe von 17 % seiner Versicherungsgewinne.[243]

5.3   Zwischenfazit

Das Kapitel „Relevanz und Potenzial digitaler Ökosysteme in der deutschen Versicherungswirtschaft" verdeutlicht, wie relevant das Konzept der Ökosysteme für Versicherungsunternehmen ist. Den Experteninterviews zufolge haben die Vorstände einiger Versicherungsunternehmen den Aufbau oder die Teilnahme an digitalen Ökosystemen in der Unternehmensstrategie verankert. Darüber hinaus zeigen die strategischen Beteiligungen der Versicherungsunternehmen, dass ernsthaftes Interesse an dem Thema besteht. Weiterhin wird in dem vorherigen Kapitel gezeigt, dass bereits Ansätze von digitalen Ökosystemen in Deutschland verfolgt werden.

Neben der hohen Relevanz wird in dem Kapitel außerdem das vielseitige Potenzial digitaler Ökosysteme herausgestellt. Ökosysteme bieten das Potenzial, die grundlegenden Herausforderungen der Versicherungsbranche zu bearbeiten. Versicherungsprodukte und Dienstleistungen ermöglichen eine Differenzierung vom sonst so homogenen Markt und bewirken zusätzlich häufigere Kundeninteraktionen, die zu höherer Kundenzufriedenheit und -loyalität führen. Außerdem besteht mit digitalen Ökosystemen das Potenzial, die Stärken neuer spezialisierter Wettbewerber zu nutzen und beispielsweise die eigenen IT-Infrastrukturen durch Kooperationen zu verbessern. Die Kooperation mit Mit- und Wettbewerbern bietet allen Ökosystemteilnehmern das Potenzial gegenseitig von der Bekanntheit zu profitieren und die eigene Marke sowie das

---

[243] Vgl. Naujoks, H. et al. (2017a), S. 12; Ralph, O. (2018).

Unternehmen allgemein auch ökosystemübergreifend zu verbessern. Eigene Schwächen können in Ökosystemen durch Stärken anderer Anbieter ausgeglichen werden. Neben diesen Potenzialen wurden noch weitere Möglichkeiten digitaler Ökosysteme identifiziert. Innerhalb des Netzwerkes können neue Zielgruppen angesprochen werden. Es ergeben sich neue Vertriebskanäle für die Unternehmen. Weiterhin besteht die Chance, durch Ökosysteme zusätzliche Umsatzquellen zu erschließen. Mithilfe von Prävention haben digitale Ökosysteme das Potenzial, die Versicherungsaufwendungen der Unternehmen signifikant zu senken und somit insgesamt die Profitabilität der Unternehmen zu erhöhen.

Digitale Ökosysteme sind für Versicherungsunternehmen insgesamt von hoher strategischer Relevanz und bieten darüber hinaus eine Vielzahl von Potenzialen. Dennoch bergen sie auch Risiken. Ganz allgemein haben digitale Ökosysteme besonders durch die branchenübergreifende Zusammenarbeit das Potenzial ganze Industrien nachhaltig zu verändern. Mit der Fähigkeit zur Disruption werden alle Marktteilnehmer zur anhaltenden Weiterentwicklung des eigenen Geschäftsmodells gezwungen. Wer sich nicht den neuen Marktbegebenheiten und -anforderungen anpasst, der wird schneller als es noch vor einigen Jahren war, nicht mehr konkurrenzfähig sein. Genauso besteht besonders für die Anbieter von Sach- und Dienstleistungen innerhalb eines digitalen Ökosystems das Risiko, dass eine Teilnahme an dem Netzwerk primär über den Preis entschieden wird. Können andere Anbieter ähnliche Services und Produkte zu günstigeren Konditionen anbieten, werden diese durch den Orchestrator und aufgrund der technischen Begebenheiten schnell ausgetauscht. Anbietern von Sach- und Dienstleistungen entgleitet bei reiner Zulieferung in Ökosystemen die direkte Kundenschnittstelle. Eine Differenzierung mittels der eigenen Marke wird dadurch zunehmend schwerer.

6   Kritische Würdigung und Fazit

Das Kapitel „Kritische Würdigung und Fazit" fasst die Ergebnisse der Untersuchung abschließend zusammen und stellt die wichtigsten Erkenntnisse konsolidiert dar. Nach der Übersicht zu den wichtigsten Ergebnissen der Arbeit werden im nächsten Abschnitt die Limitationen der Arbeit beschrieben. Das Kapitel und somit die ganze Arbeit wird mit einem Ausblick zu möglichen Entwicklungen digitaler Ökosysteme in der Versicherungswirtschaft beendet.

6.1   Ergebnisse der Arbeit

Die Versicherungswirtschaft sieht sich aktuell vielen unterschiedlichen **Entwicklungen** und Herausforderungen in einem schnell agierenden Markt gegenübergestellt. Das Konzept der digitalen Ökosysteme stellt für die Unternehmen eine mögliche Bearbeitungsstrategie für diese Herausforderungen dar. Anhand des **Status quo digitaler Ökosysteme** in der deutschen Versicherungswirtschaft sowie einiger Exkurse ins Ausland wird deutlich, dass die Gesellschaften den Aufbau offener Netzwerke sowie die Teilnahme an diesen verfolgen. Viele der Versicherungsunternehmen ordnen dem Konzept der digitalen Ökosysteme eine hohe **Relevanz** zu, da diese das **Potenzial** haben, den Herausforderungen gerecht zu werden. Doch zeigt die nähere Untersuchung nicht nur Mehrwerte, sondern wirft auch neue **Herausforderungen** auf.

Innerhalb der Versicherungsbranche sind derzeit verschiedene **Entwicklungen** zu beobachten, die es durch die Unternehmen zu berücksichtigen gilt. Bereits durch die Ausgestaltung der Produkte sind Versicherungen immaterielle und erklärungsbedürftige Güter. Die Versicherungsbranche zeichnet sich weiterhin durch seltene Kundeninteraktionen und insgesamt eine Homogenität der angebotenen Sach- und Dienstleistungen aus. Ansteigendes Interesse neuer Wettbewerber und branchenfremder Unternehmen an der

Versicherungswirtschaft intensiviert den bereits hohen Wettbewerbsdruck weiter. Es ist zu beobachten, dass deutlich spezialisiertere Anbieter am Versicherungsmarkt auftreten. Darüber hinaus fällt es den etablierten Versicherungsunternehmen zunehmend schwer, sich an die Geschwindigkeit und die technischen Standards der immer schneller agierenden Märkte anzupassen. Stei-
gende Kundenerwartungen an die Benutzerfreundlichkeit sowie die Zugänglichkeit von Services machen den deutschen Versicherern zu schaffen. Die in
der Arbeit aufgeführten und weitere Herausforderungen sind von hoher strategischer Bedeutung für die Zukunft der Versicherungswirtschaft.

Die Erhebung des **Status quo digitaler Ökosysteme** in der deutschen Versicherungswirtschaft zeigt deutlich, dass viele der Unternehmen das Konzept digitaler Ökosysteme bereits verstanden haben und für sich als relevant bewerten. Jedoch wird auch deutlich, dass zum Zeitpunkt der Untersuchung sich die
Versicherungsunternehmen noch in einer frühen Phase der Entwicklung befinden. Es werden bereits viele zusätzliche versicherungsnahe und -fremde
Dienstleistungen angeboten, die bislang allerdings nicht auf einer Plattform
kombiniert und den Kunden zugänglich gemacht werden. Aufgrund der fehlen-
den Bündelung von Dienstleistungen bleibt auch die umfangreiche Datenerhebung und -auswertung bisher aus. Die Untersuchung zeigt zudem regelmäßige
Medienbrüche in den Prozessen der Ökosysteme, was zu geringer Benutzerfreundlichkeit führt. Auch sind Erwartungen an die Entwicklung innovativer
Sach- und Dienstleistungen seither nicht erfüllt worden. Vergleiche mit ausländischen Versicherungsgesellschaften zeigen deutlich, dass sowohl die technischen Prozesse als auch die Sach- und Dienstleistungen in Deutschland nicht
auf dem aktuellsten Stand sind. ZhongAn und andere Gesellschaften zeichnen
sich durch außerordentliche Benutzerfreundlichkeit aus. Ein wichtiger Grund
dafür ist der hohe Grad an Automatisierung in den Geschäftsprozessen. Auch
die Bereitschaft zu Kooperationen ist in Deutschland gegenüber dem Ausland

wesentlich geringer. Trotz des noch geringen Reifegrades digitaler Ökosysteme in Deutschland zeigt die Vielzahl der Aktivitäten ein reges Interesse der Branche an dem Thema.

Die hohe **Relevanz** digitaler Ökosysteme in der deutschen Versicherungswirtschaft lässt sich anhand des erhobenen Status quo bewerten. Die Ergebnisse der durchgeführten Experteninterviews bestätigen diese These. Die befragten Branchenexperten ordnen den Ökosystemen mehrheitlich eine sehr hohe strategische Relevanz zu. Begründet wird diese Wichtigkeit nicht nur durch interne strategische Vorgaben, sondern auch durch die getätigten Investitionen und Beteiligungen der Versicherungsgesellschaften. Neben zu erfüllenden regulatorischen Anforderungen gibt es derzeit kaum ein wichtigeres Thema für die Versicherungsmanager.

Das Konzept der digitalen Ökosysteme besitzt durch die Kombination branchenübergreifender Kernkompetenzen das **Potenzial**, die identifizierten Herausforderungen zu bearbeiten. Mithilfe von Synergieeffekten ist die Entwicklung innovativer Sach- und Dienstleistungen zu erwarten, die ein einzelnes Unternehmen nicht anbieten kann. Sowohl das Problem der geringen Kundeninteraktionen und Kundenloyalität sowie des steigenden Wettbewerbsdrucks können durch die Produktinnovationen positiv beeinflusst werden. Unternehmen mit neuartigen Sach- und Dienstleistungen differenzieren sich deutlich vom Markt und bieten den Kunden echte Mehrwerte. Die Verbindung der Kernkompetenzen neuer und alter Wettbewerber erschafft zusammen ein digitales Ökosystem mit vielen verschiedenen Stärken. Die schnelle Adaption moderner Technologien ist in so einem Netzwerk nicht länger eine nahezu unlösbare Herausforderung. Weiterhin haben digitale Ökosysteme das Potenzial, die Zugänglichkeit sowie das gesamte Kundenerlebnis signifikant zu verbessern. Aus den Kooperationen branchenübergreifender Unternehmen können neue Erlösquellen sowie Vertriebswege generiert werden. Weiterhin ist aufgrund der zunehmenden Fokussierung der Ökosystemteilnehmer auf ihre Kernkompetenzen eine schrittweise Verschlankung der Unternehmen denkbar. Spezialisierte Anbieter könnten verstärkt in die eigene Wertschöpfungskette eingebunden werden, wodurch insgesamt kostengünstiger sowie effizienter gearbeitet werden kann.

Neben den identifizierten strategischen Potenzialen für Versicherungsunternehmen wurden im Laufe der Untersuchung auch einige **Herausforderungen** identifiziert. Intern stoßen die Unternehmen auf kulturelle Hindernisse. Nicht alle betroffenen Abteilungen befürworten die angestrebten Entwicklungen zum Aufbau digitaler Ökosysteme und äußern ihre Bedenken. Aufgrund der hohen finanziellen aber auch personellen Investitionen sind Widerstände besonders in den Unternehmen anzutreffen, die sich in generellen Umstrukturierungen befinden.[244] Darüber hinaus ist den traditionellen Versicherungsunternehmen ein Einschnitt in die bisher alleinige Produktherrschaft unbekannt. Versicherer haben immer versucht, alle Schritte der Wertschöpfungskette selbst abzubilden, was dem Konzept digitaler Ökosysteme widerspricht. Produkte und Prozesse müssen anderen Teilnehmern gegenüber geöffnet und (Teil-) Kompetenzen abgegeben werden. Neben internen Herausforderungen sind auch externe Hindernisse zu beobachten. Die bisherige Akzeptanz der Versicherungsnehmer gegenüber den Ansätzen digitaler Ökosysteme ist sehr verhalten. Zurückzuführen ist die Zurückhaltung zum größten Teil auf die noch nicht zufriedenstellende Benutzerfreundlichkeit sowie die geringe Auswahl von Sach- und Dienstleistungen. Ökosysteme bieten den Endverbrauchern noch keine hinreichenden Mehrwerte, um Teil des Netzwerks zu werden. Auch sind die Sicherheit und der Schutz der Daten besonders in Deutschland bedeutende Herausforderungen. In Ökosystemen werden oftmals IoT-Geräte verwendet, die dauerhaft Daten

---

[244] Vgl. Experteninterview.

aufzeichnen. In der Bevölkerung gilt es, das Vertrauen gegenüber den Ökosystemen bezüglich der Datenverwendung zu stärken.

Abschließend ist zu betonen, dass der Status quo digitaler Ökosysteme in der Versicherungswirtschaft noch vergleichsweise unausgereift ist, die Relevanz hingegen von den Versicherungsunternehmen als sehr hoch eingeordnet wird. Bis vollständig digitale Ökosysteme in der deutschen Versicherungswirtschaft am Markt zu sehen sind, gibt es noch einige Herausforderungen zu überwinden.

6.2 Limitationen der Arbeit

Digitale Ökosysteme allgemein und besonders innerhalb der Versicherungswirtschaft sind akademisch noch nicht umfangreich erforscht worden. Es ist daher nur wenig Sekundärliteratur zu dem Thema vorhanden. Für die Bearbeitung der Arbeit wurden daher auch nicht akademische Studien hinzugezogen. Um den Qualitätsansprüchen der vorliegenden Untersuchung gerecht zu werden und die Inhalte verwenden zu können, wurden die entnommenen Aussagen durch mehrere unabhängige Studien, die durchgeführten Experteninterviews und kritische Reflexion validiert. Zusätzlich beinhaltet die Arbeit keine quantitative Bewertung digitaler Ökosysteme, sondern bleibt rein qualitativ.

Aufgrund der fragmentierten Informationslage digitaler Ökosysteme in der deutschen Versicherungswirtschaft erhebt der dargestellte Status quo in Deutschland keinen Anspruch auf Vollständigkeit. Die vorliegende Arbeit ist als Grundlage für tiefergehende Forschungen anzusehen. Die aufgestellten Trendaussagen zu der Relevanz und den Potenzialen digitaler Ökosysteme sollten mithilfe von quantitativen Untersuchungen bestätigt werden. Darüber hinaus gilt es die finanziellen Erträge und Investitionen digitaler Ökosysteme zu beziffern.

6.3   Ausblick

Die Primär- und Sekundärdaten zu digitalen Ökosystemen in der Wirtschaft deuten auf signifikante Entwicklungen in der näheren Zukunft hin. Die Versicherungswirtschaft ist genauso wie jede andere Branche von diesen Entwicklungen betroffen. Es sind Fortschritte in den bestehenden Ökosystemen sowie die Bildung neuer Ökosysteme in weiteren Lebensbereichen zu erwarten. Genauso werden sich neue Sach- und Dienstleistungen durch branchenübergreifende Zusammenarbeit entwickeln.

Heute noch sehr ungewiss sind länderübergreifende Entwicklungen und Kooperationen von (Versicherungs-) Unternehmen. Besonders fortschrittliche Wettbewerber werden höchstwahrscheinlich in den deutschen Markt eintreten und entweder selbstständig oder in Zusammenarbeit mit einheimischen Unternehmen ihre Produkte und Services anbieten. Der Zeitpunkt und der Umfang der zu erwartenden Markteintritte ist noch nicht abzusehen, jedoch ist heute schon unverkennbar, dass sich der Wettbewerb signifikant erhöhen wird. Genauso ist es wahrscheinlich, dass sich branchenfremde Wettbewerber als Orchestratoren für verschiedene Ökosysteme etablieren könnten.

Durch die zunehmend personalisierten sowie benutzerfreundlichen Sach- und Dienstleistungen werden die Endverbraucher profitieren. Heute noch langwierige und anstrengende Prozesse, wie bspw. der Abschluss von Versicherungen, werden in Zukunft durch simple und kurze Vorgänge ersetzt werden können. Digitale Ökosysteme helfen das Leben der Menschen signifikant zu erleichtern. Insgesamt wird der Endverbraucher der große Gewinner der zu erwartenden Entwicklungen sein.

7 Anhang

Anhang 1: Fragebogen der Experteninterviews

Was verstehen Sie unter dem Begriff „digitales Ökosystem"? Welche Voraussetzungen muss für Sie ein vollständig digital entwickeltes Ökosystem erfüllen?

Wie relevant sind digitale Ökosysteme für Ihr Unternehmen heute und (in der näheren) Zukunft? Inwieweit ist das Top-Management mit eingebunden?

Gibt es andere Trends, die für Sie aktuell wichtiger sind?

Welche Ziele verfolgen Sie mit dem Aufbau eines digitalen Ökosystems?

Welche Schritte unternehmen Sie, um ein digitales Ökosystem aufzubauen (oder ein Teil davon zu werden)?

Welche Rolle wollen Sie mit Ihrem Unternehmen in einem digitalen Ökosystem einnehmen (Plattformbetreiber (Infrastruktur), Orchestrator, Dienstleister)?

Welche Erkenntnisse können Sie aus Ihren bisherigen Aktivitäten ziehen?

Welche Mehrwerte sehen Sie bei digitalen Ökosystemen für Versicherungsnehmer und Versicherer? Wie ist die bisherige Akzeptanz der Versicherungsnehmer?

Was für digitale Ökosysteme beobachten Sie im deutschen Versicherungsmarkt aktuell? Welche erwarten Sie in Zukunft?

Wen erwarten Sie zukünftig als größten Wettbewerber? Branchenintern oder -fremd?

Was sagen Sie zu der These, dass Versicherer in Ökosystemen zukünftig zu reinen Risikoträgern und Kapitalgebern degradiert werden?

Literaturverzeichnis

AachenMünchener Versicherung AG (2018): Sicherheitspaket - Aachen-Münchener, https://www.amv.de/sicherheitspaket/, Zugriff am 06.08.2018.

ABUS-Sicherheitstechnik und Einbruchschutz (2018): Smart Home Security, https://www.abus.com/ger/Sicherheit-Zuhause/Smart-Home-Security, Zugriff am 22.07.2018.

Adner, R. (2006): Match Your Innovation Strategy to Your Innovation Ecosystem, in: Harvard Business Review 84 (4), S. 98–107.

Allianz Global Assistance (2018): Smart Home + Allianz Assist: das smarte Sicherheitsplus, https://www.meinsicherheitsplus.de/, Zugriff am 06.08.2018.

Allianz SE (2016): Allianz beteiligt sich an InstaMotion, https://www.allianz-deutschland.de/allianz-beteiligt-sich-an-instamotion/id_79691308/index, Zugriff am 20.08.2018.

Allianz SE (2018a): Mobilität - Produkte, https://www.allianz.com/de/produkte_loesungen/privatversicherungen/mobilitaet/, Zugriff am 06.08.2018.

Allianz SE (2018b): Auto verkaufen | abracar.de by Allianz, https://www.abracar.de/, Zugriff am 04.08.2018.

Allianz SE (2018c): Allianz - Autokredit, https://fachmann.allianz.de/kontakt_app/privat/popup/auto_finanz_plus.html, Zugriff am 04.08.2018.

Allianz SE (2018d): Arzneimittelservice | Allianz, https://gesundheitswelt.allianz.de/services/arzneimittelservice/, Zugriff am 16.08.2018.

Allianz SE (2018e): Geschäftsbericht 2017, https://www.allianz.com/v_1520585374606/media/investor_relations/en/results_reports/annual_report/ar2017/de-se-2017-geschaeftsbericht-allianz-se.pdf, Zugriff am 14.08.2018.

Alstyne, M. W. Van et al. (2016): Pipelines, Platforms, and the New Rules of Strategy, in: Harvard Business Review 94 (4), S. 54–62.

Altobelli, C. F. (2017): Marktforschung: Methoden - Anwendungen - Praxisbeispiele, Konstanz, UTB GmbH.

Amazon (2018a): Amazon.de Hilfe: Amazon Protect, https://www.amazon.de/gp/help/customer/display.html?nodeId=202011440, Zugriff am 20.07.2018.

Amazon (2018b): Amazon Go, https://www.amazon.com/b?ie=UTF8&node=16008589011, Zugriff am 25.12.2018.

Apple (2001): Apple to Open 25 Retail Stores in 2001, https://www.apple.com/newsroom/2001/05/15Apple-to-Open-25-Retail-Stores-in-2001/, Zugriff am 25.12.2018.

AssCompact (2018): Gothaer und Grohe wollen Leitungswasserschäden vorbeugen, http://www.asscompact.de/nachrichten/gothaer-und-grohe-wollen-leitungswassersch%C3%A4den-vorbeugen, Zugriff am 30.05.2018.

Atluri, V. et al. (2017): Competing in a world of sectors without borders, https://www.mckinsey.com/business-functions/mckinsey-analytics/our-insights/competing-in-a-world-of-sectors-without-borders, Zugriff am 02.08.2018.

AXA Deutschland (2017a): AXA investiert in den digitalen Handwerker-Dienst Homebell, https://www.axa.de/presse/axa-investiert-in-den-digitalen-handwerker-dienst-homebell, Zugriff am 16.08.2018.

AXA Deutschland (2017b): Zwei Drittel der Patienten wünschen sich eine digitale Rechnung von ihrem Arzt, https://www.axa.de/presse/zwei-drittel-der-patienten-wuenschen-sich-eine-digitale-rechnung-von-ihrem-arzt, Zugriff am 16.08.2018.

AXA Deutschland (2018a): Schadenservice: Unsere Services im Überblick, https://www.axa.de/schadenservice-360, Zugriff am 16.08.2018.

AXA Deutschland (2018b): Kfz-Versicherung: Günstige Autoversicherung der AXA, https://www.axa.de/kfz-versicherung, Zugriff am 06.08.2018.

AXA Deutschland (2018c): cleverPARKEN: Einfach und bargeldlos parken, https://www.axa.de/cleverparken, Zugriff am 04.08.2018.

AXA Deutschland (2018d): Digitalisierung des Gesundheitswesens: AXA offen für weitere Kooperationen, https://www.axa.de/presse/digitalisierung-des-gesundheitswesens, Zugriff am 16.08.2018.

AXA Deutschland (2018e): Ausgedruckte Befunde und Röntgenbilder ab sofort überflüssig: AXA launcht elektronische Gesundheitsakte in App, https://www.axa.de/presse, Zugriff am 16.08.2018.

AXA Deutschland (2018f): AXA kooperiert mit Mister Spex, https://www.axa.de/presse/AXA-kooperiert-mit-Mister-Spex, Zugriff am 16.08.2018.

AXA Deutschland (2018a): MeinAuto.de – Neuwagen zu Internetpreisen, https://www.axa.de/das-plus-von-axa/vorteilsangebote/vorteile-auto-kfz-mobilitaet/autokauf-kfz-services-vorteile/vorteil-mein-auto-vorteilsclub, Zugriff am 04.08.2018.

AXA Deutschland (2018b): SmartHome: Wasserwächter, Rauchmelder uvm., https://www.axa.de/smarthome, Zugriff am 06.08.2018.

Badische Versicherungen (2018): Autoversicherung, https://www.bgv.de/privatkunden/produkte/unterwegs/fahrzeuge/autoversicherung/, Zugriff am 06.08.2018.

Balasubramanian, R. et al. (2018): Insurance 2030 - The impact of AI on the future of insurance, https://www.mckinsey.com/industries/financial-services/our-insights/insurance-2030-the-impact-of-ai-on-the-future-of-insurance, Zugriff am 08.07.2018.

Bergfeld, B. (2018): Amazon steigt bei Insurtech ein, https://www.versicherungsbote.de/id/4867438/Amazon-Insurtech-Acko/, Zugriff am 24.07.2018.

Biallas, C. (2017): Smart Home: Gothaer tut sich mit Abus zusammen, https://versicherungsmonitor.de/2017/10/25/smart-home-gothaer-tut-sich-mit-abus-zusammen/, Zugriff am 02.06.2018.

Bloemer, J.; Kasper, H. (1995): The complex relationship between consumer satisfaction and brand loyalty, in: Journal of Economic Psychology 16 (2), S. 311.

Bloemer, J.; Lemmink, J. (1992): The Importance of Customer Satisfaction in Explaining Brand and Dealer Loyalty, in: Journal of Marketing Management 8 (4), S. 351–363.

Bundesanstalt für Finanzdienstleistungsaufsicht (2011): Merkblatt - Hinweise für die Erlaubnis inländischer Versicherungs-Aktiengesellschaften zum

Betrieb der Lebensversicherung, https://www.bafin.de/SharedDocs/Veroef-fentlichungen/DE/Merkblatt/VA/mb_080701_lebenzulassung_va.html, Zugriff am 20.07.2018.

Burton, B. et al. (2017): Capitalizing on Your Business Ecosystems Economy: A Gartner Trend Insight Report, https://www.gart-ner.com/doc/3759164/capitalizing-business-ecosystems-economy-gartner, Zugriff am 02.06.2018.

Buss, S. et al. (2018): Digital Economy Compass 2018, https://de.sta-tista.com/statistik/studie/id/52312/dokument/digital-economy-compass/, Zugriff am 14.07.2018.

Capgemini/Efma (Hgg.) (2018): World Insurance Report 2018.

CHECK24 (2018): Kfz-Versicherungsvergleich, https://www.check24.de/ein-surance/pkw/vnt2/pkwResult.form;jsessio-nid=BEE6FBDF5E673113D0134EBA47E92692.ajp13-01-51#results, Zugriff am 07.08.2018.

Cohn, C.; Noor Zainab, H. (2017): Amazon seeks staff in European insurance push, in: Reuters (10.11.2017), https://www.reuters.com/article/us-ama-zon-insurance/amazon-seeks-staff-in-european-insurance-push-idUSKBN1DA22J, Zugriff am 20.07.2018.

Commission of The European Communities (2008): Future networks and the Internet. Early challenges regarding the "Internet of Things", http://www.statewatch.org/news/2008/oct/eu-com-internet-of-things-sept-08.pdf, Zugriff am 08.07.2018.

CompuGroup Medical (2017): Pressemitteilung „Meine Gesundheit", https://www.cgm.com/de/ueber_uns_de/news_de/presse_de/presse_de-tails_57920.de.jsp, Zugriff am 16.08.2018.

CosmosDirekt (2018): Smart Home Informieren Sie sich hier zu Smart Home, https://www.cosmosdirekt.de/smart-home/, Zugriff am 06.08.2018.

Cusano, J.; Starrs, A. (2017): Accenture's Technology Vision for Insurance 2017, https://www.accenture.com/us-en/insight-insurance-technology-vision-2017, Zugriff am 03.06.2018.

Cusumano, M. A.; Gawer, A. (2002): The Elements of Platform Leadership, in: MIT Sloan Management Review 43 (3), S. 51–58.

De Jong, B. (2017): How ecosystem power plays are transforming the future of insurance, https://insuranceblog.accenture.com/how-ecosystem-power-plays-are-transforming-the-future-of-insurance, Zugriff am 04.05.2018.

Debeka (2017): Debeka Krankenversicherung beteiligt sich am Online-Portal „Meine Gesundheit" und führt damit ein digitales Rechnungsmanagement ein, https://www.debeka.de/unternehmen/presse/presse/meine-gesundheit.html, Zugriff am 16.08.2018.

Debeka (2018): Debeka Versichern Bausparen, https://www.debeka.de/produkte/versichern/krankenversicherung/index.html, Zugriff am 06.08.2018.

Deutsche Krankenversicherung (2018): Gesund sein und bleiben, http://www.dkv.com/gesundheit-gesund-sein-und-bleiben-107719.html, Zugriff am 06.08.2018.

Die Bayerische (2018): Safe Home der Bayerischen, https://www.diebayerische.de/produkte/hab_und_gut/safe_home/safe_home.html, Zugriff am 06.08.2018.

Dietz, M. et al. (2017): Remaking the bank for an ecosystem world, https://www.mckinsey.com/industries/financial-services/our-insights/remaking-the-bank-for-an-ecosystem-world, Zugriff am 14.06.2018.

Digitsole (2018): Digitsole - Connected Footwear - Smart shoes - Smart insoles, https://www.digitsole.com/, Zugriff am 28.08.2018.

DiMeglio, D. (2018): Data Privacy, Ads Drive Customer Dissatisfaction in Social Media American Customer Satisfaction Index, http://www.theacsi.org/news-and-resources/press-releases/press-2018/press-release-e-business-2018, Zugriff am 13.08.2018.

Discovery Limited (Hg.) (2015): Integrated Annual Report 2015.

Discovery Limited (2018a): Vitalitydrive Helps You Save| Discovery Insure, https://www.discovery.co.za/car-and-home-insurance/vitalitydrive-rewards, Zugriff am 04.08.2018.

Discovery Limited (2018b): Join Vitality - Discovery, https://www.discovery.co.za/vitality/join-today, Zugriff am 16.08.2018.

DV Deutschland Voucher (2017): Sind Sie Amazon-Kunde?, in Statista - Das Statistik-Portal, https://de.statista.com/statistik/daten/studie/727703/umfrage/amazon-kunden-in-deutschland/, Zugriff am 17.07.2018.

EHI Retail Institute/Statista (2017): E-commerce: Top 100 online shops in Germany, https://www.statista.com/statistics/450288/leading-100-online-shops-by-revenue-germany/, Zugriff am 17.07.2018.

Element (2018): Die Technologiefirma mit BaFin-Lizenz, https://www.element.in/de/, Zugriff am 07.08.2018.

EMIL Deutschland AG (2019): Emil Deutschland AG, https://emil.de/, Zugriff am 26.01.2019.

Engel, J.; Miniard, P. (1990): Consumer Behavior, Chicago, The Dryden Press.

ERGO (2018a): ERGO SmartHome Schutzbrief, https://www.ergo.de/de/Landingpage/SmartHome/LP, Zugriff am 06.08.2018.

ERGO (2018b): Rollout der elektronischen Gesundheitsakte in der PKV, https://www.ergo.com/de/Media-Relations/Pressemeldungen/PM-2018/20180612-DKV-Elektronische-Gesundheitsakte, Zugriff am 16.08.2018.

ERGO (2019): ERGO und Fair kooperieren bei digitalen automobilen Versicherungslösungen, https://www.ergo.com/de/Media-Relations/Pressemeldungen/PM-2019/20190118-ERGO-Kooperation-Fair, Zugriff am 26.01.2019.

Esser, Ralf et al. (2014): Vor dem Boom - Marktaussichten für Smart Home, Berlin 2014.

Europ Assistance (2018): Téléassistance Personnalisée, https://www.europ-assistance.fr/fr/sante/teleassistance-personnalisee, Zugriff am 09.06.2018.

Evans, S.; Bahrami, H. (1995): Flexible Re-Cycling and High-Technology Entrepreneurship, in: California Management Review 37 (3), S. 62–89.

Fair (2019): The Future of Car Ownership is Fair., https://www.fair.com, Zugriff am 26.01.2019.

Feinberg, E. et al. (2016): Foresee Experience Index U.S. Retail, https://learn.foresee.com/hubfs/research/ForeSee_Experience_Index-US_Retail-2016.pdf?hsLang=en-us, Zugriff am 13.08.2018.

Fitbit (2018): Offizielle Website von Fitbit für Aktivitäts-Tracker und mehr, https://www.fitbit.com/de/home, Zugriff am 28.08.2018.

Forbes (2018): The World's Largest Public Companies, https://www.forbes.com/global2000/list/, Zugriff am 22.07.2018.

Foscht, T. et al. (2015): Käuferverhalten: Grundlagen - Perspektiven - Anwendungen, Wiesbaden, https://www.amazon.de/Kauferverhalten-Perspektiven-Anwendungen-Thomas-Foscht/dp/3658174641/ref=sr_1_1?ie=UTF8&qid=1532084865&sr=8-1&keywords=k%C3%A4uferverhalten+foscht, Zugriff am 20.07.2018, Springer Gabler.

FRIDAY (2018): FRIDAY – Dein Start in eine bessere Autoversicherung, https://www.friday.de/, Zugriff am 06.08.2018.

Fromme, H. (2017): Versichert von Amazon, in: sueddeutsche.de (13.11.2017), http://www.sueddeutsche.de/wirtschaft/digitalisierung-versichertvon-amazon-1.3747260.

Frost, J. (2018): Amazon "trying to poach" Lemonade employees, https://www.insurancetimes.co.uk/amazon-trying-to-poach-lemonade-employees/1426011.article, Zugriff am 20.07.2018.

Gangcuangco, T. (2017): Amazon is coming for the insurance industry – should we be worried?, www.insurancebusinessmag.com/uk/news/technology/amazon-is-coming-for-the-insurance-industry--should-we-be-worried-80926.aspx, Zugriff am 20.07.2018.

Gassmann, O. et al. (2013): Geschäftsmodelle entwickeln: 55 innovative Konzepte mit dem St. Galler, https://www.amazon.de/Gesch%C3%A4ftsmodelle-entwickeln-innovative-Konzepte-Navigator/dp/3446435670, Zugriff am 05.07.2018.

Generali (2017): Central kooperiert mit Mister Spex, https://www.generali.de/ueber-generali/presse-medien/pressemitteilungen/pm-20171010-ckv---central-18844/, Zugriff am 16.08.2018.

Generali (2018a): Studie „Smart-Home-Atlas": Hohes Interesse an smarten

Versicherungen zum Schutz der eigenen vier Wände, https://www.gene-rali.de/ueber-generali/presse-medien/pressemitteilungen/studie--smart-home-atlas---hohes-interesse-an-smarten-versicherungen-zum-schutz-der-eigenen-vier-waende-34516/, Zugriff am 08.07.2018.

Generali (2018b): Generali Vitality erleben, http://vitality-erlebenfate.generali-gruppe.de, Zugriff am 06.08.2018.

Generali (2018c): Ihre Vorteile durch Vitality, https://www.generali-vitalityerle-ben.de/ihre-vorteile/, Zugriff am 16.08.2018.

GlobalData Financial Services (2018): Amazon enters US healthcare mar-ket, https://www.verdict.co.uk/life-insurance-international/comment/amazon-enters-us-healthcare-market/, Zugriff am 10.06.2018.

Gothaer (2018): Private Krankenversicherung, https://www.gothaer.de/privat-kunden/private-krankenversicherung/, Zugriff am 06.08.2018.

Gröger, A.-C. (2018): Allianz belohnt Sportliche, https://versicherungsmoni-tor.de/2018/03/16/allianz-belohnt-sportliche/, Zugriff am 02.06.2018.

Gröger, A.-C.; Gentrup, A. (2016): Autoversicherung direkt vom Hersteller - lohnt sich das?, in: sueddeutsche.de (15.09.2016), https://www.sueddeut-sche.de/auto/kfz-versicherung-autoversicherung-direkt-vom-hersteller-lohnt-sich-das-1.3164018, Zugriff am 19.07.2018.

Grohe (2018): GROHE Sense/ GROHE Sense Guard, https://www.grohe.de/de_de/smarthome/grohe-sense-water-security-system/, Zugriff am 22.07.2018.

Gronholdt, L. et al. (2000): The relationship between customer satisfaction and loyalty: cross-industry differences, in: Total Quality Management 11 (4/5/6), S. S509.

Hagen, P. (2018): VKB plant umfassende Smart Home-Plattform, https://ver-sicherungsmonitor.de/2018/05/09/vkb-plant-umfassende-smart-home-platt-form/, Zugriff am 02.06.2018.

Hamburger Feuerkasse (2019): Notfallmanagement, https://www.hambur-ger-feuerkasse.de/content/privat/versicherungen/wohnen-und-bauen/notfall-management/, Zugriff am 20.01.2019.

Handelsblatt (2016): Boom der Vergleichsportale: Check24 wächst rasant, https://www.handelsblatt.com/unternehmen/it-medien/boom-der-vergleich-sportale-check24-waechst-rasant/13311650.html, Zugriff am 13.08.2018.

Handelsblatt (2018): Wirtschaft, Handel & Finanzen: Allianz erwägt eigenen mobilen Bezahlservice in Deutschland, https://www.handelsblatt.com/wirt-schaft-handel-und-finanzen-allianz-erwaegt-eigenen-mobilen-bezahlservice-in-deutschland/22689860.html, Zugriff am 10.07.2018.

HanseMerkur (2018): Private Krankenzusatzversicherung & -vollversiche-rung, https://www.hansemerkur.de/gesundheit, Zugriff am 06.08.2018.

Handelsblatt (2019): Gesundheitsprogramme – exklusive Angebote für Han-seMerkur Kunden, https://www.hansemerkur.de/gesundheitsservice/vorteils-angebote-kooperationen#gesundheitsservice-kooperationen-online-fitness-studio, Zugriff am 26.01.2019.

HDI (2018): Fahrzeugversicherung: Ihre Absicherungs-Airbags, https://www.hdi.de/privatkunden/versicherungen/kfz/index, Zugriff am 06.08.2018.

Helvetia Versicherungen/Helvetia Innovation Lab (2018): Meinungspapier Eco-Systems, https://www.helvetia.com/content/dam/os/corpo-rate/web/de/home/medien/publikationen/meinungspapiere-und-studien/eco-systems-meinungspapier.pdf, Zugriff am 08.07.2018.

Herz, C. (2018): Versicherer: Allianz wittert das große Geschäft in China – Zu-sammenarbeit mit Online-Gigant JD.com geplant, https://www.handels-blatt.com/finanzen/banken-versicherungen/versicherer-allianz-wittert-das-grosse-geschaeft-in-china-zusammenarbeit-mit-online-gigant-jd-com-ge-plant/22781228.html, Zugriff am 10.07.2018.

Hocking, J. et al. (2015): Insight: The Emerging Role of Ecosystems in Insur-ance.

Hoffman, D. L.; Novak, T. P. (2018): Consumer and Object Experience in the Internet of Things: An Assemblage Theory Approach, in: Journal of Consumer Research 44 (6), S. 1178–1204.

Homburg, C. (2012): Kundenzufriedenheit: Konzepte - Methoden - Erfahrun-gen, Wiesbaden, Gabler Verlag.

Hong Kong Exchanges and Clearing Limited (Hg.) (2017): Global Offering ZhongAn Online P & C Insurance Co., Ltd., http://www.hkexnews.hk/listedco/list-conews/SEHK/2017/0918/LTN20170918023.pdf, Zugriff am 28.07.2018.

Hopf, C. et al. (2005): Qualitative Interviews - ein Überblick, in: Qualitative Sozialforschung, Reinbek, S. 349–359, Rowohlt.

Huckstep, R. (2017): Insurance distribution is about to get personal, https://www.the-digital-insurer.com/blog/insurtech-insurance-distribution/, Zugriff am 05.05.2018.

HUK-COBURG (2018a): Mobilität, https://www.huk.de/fahrzeuge/mobili-taet.html, Zugriff am 06.08.2018.

HUK-COBURG (2018b): HUK-COBURG Autowelt, https://www.huk-auto-welt.de/aw/index.html, Zugriff am 04.08.2018.

HUK-COBURG (2018c): Autokredit | HUK-COBURG, https://www.huk.de/ge-sundheit-vorsorge-vermoegen/finanzen/autokredit.html, Zugriff am 04.08.2018.

HUK-COBURG (2018d): Autoservice der HUK-COBURG, https://www.huk.de/fahrzeuge/mobilitaet/autoservice.html, Zugriff am 04.08.2018.

HUK-COBURG (2018e): Meine Gesundheit, https://www.huk.de/gesundheit-vorsorge-vermoegen/meine-gesundheit.html, Zugriff am 06.08.2018.

HUK-COBURG (2018f): HUK-COBURG plant Kooperation mit Portal „Meine Gesundheit", https://www.huk.de/presse/nachrichten/aktuelles/kooperation-meine-gesundheit.html, Zugriff am 26.01.2019.

Iansiti, M.; Levien, R. (2004): Strategy as Ecology, in: Harvard Business Review 82 (3), S. 68–78.

Initiative D21 e.V. (Hg.) (2018): D21-Digital-Index 2017/2018, https://initia-tived21.de/app/uploads/2018/01/d21-digital-index_2017_2018.pdf, Zugriff am 17.07.2018.

InstaMotion (2018): Gebrauchtwagen online kaufen, https://www.instamo-tion.com, Zugriff am 04.08.2018.

InsuranceUp (2018): Chinese insurtech giant ZhongAn kicks off international development, https://www.insuranceup.it/en/startup/chinese-insurtech-giant-zhongan-kicks-off-international-development/, Zugriff am 04.01.2019.

InsurLab Germany e.V. (2018): Press/News - InsurLab Germany e.V., https://www.insurlab-germany.com/pressnews.html, Zugriff am 24.07.2018.

Jahn, T. (2018): Online-Händler: So funktioniert der Amazon-Buchladen, https://www.handelsblatt.com/unternehmen/handel-konsumgueter/online-ha-endler-so-funktioniert-der-amazon-buchladen/19854626.html, Zugriff am 24.12.2018.

John Hancock (2017): John Hancock to Expand Apple Watch Program to All Vitality Life Insurance Customers, Including Lower-Cost Term Life Buyers, https://jhrewardslife.johnhancockinsurance.com/health-and-well-ness/news/john-hancock-to-expand-apple-watch-program-to-all-vitality-life-.html, Zugriff am 21.06.2018.

John Hancock (2018): John Hancock Vitality, https://jhrewardslife.johnhan-cockinsurane.com/about-vitality.html, Zugriff am 16.08.2018.

Keiningham, T. L. et al. (2007): A Longitudinal Examination of Net Promoter and Firm Revenue Growth, in: Journal of Marketing 71 (3), S. 39–51.

Kestermann, C. (2018): InsurLab Germany Club: Building digital ecosystems, Hannover 06.12.2018, Zugriff am 12.06.2018.

Kottmann, D.; Dördrechter, N. (2017): Zukunft von InsurTech in Deutschland: Der InsurTech-Radar 2017, http://www.oliverwyman.de/our-expertise/in-sights/2017/dez/insurtech-2017.html, Zugriff am 19.07.2018.

Kurz, A. et al. (2009): Das problemzentrierte Interview, in: Qualitative Markt-forschung, S. 463–475, https://link.springer.com/chapter/10.1007/978-3-8349-9441-7_29, Zugriff am 12.08.2018, Gabler.

Laney, D.; Jain, A. (2017): 100 Data and Analytics Predictions Through 2021, https://www.gartner.com/doc/3746424/-data-analytics-predictions-, Zugriff am 21.07.2018.

Leber, G. (2018): Kooperation statt Konfrontation! Welche Chancen digitale Ökosysteme für mittelständische Versicherer bieten, Köln 2018.

Levin, S. A. (1998): Ecosystems and the Biosphere as Complex Adaptive Systems, in: Ecosystems 1 (5), S. 431–436.

Lewicki, M. (2017): So brühen Sie Kaffee per Smartphone-App, https://www.techbook.de/smart-home/leckeren-kaffee-am-smartphone-bruehen, Zugriff am 22.07.2018.

Linda Apotheken (2018): AXA - LINDA Apotheken, https://www.linda.de/ueber-linda/partner/axa/, Zugriff am 16.08.2018.

Mags (2017): Future of Eyewear Internet of Things, https://www.selectspecs.com/fashion-lifestyle/the-internet-of-things-and-the-future-of-eyewear/, Zugriff am 28.08.2018.

Max, C. (2018): Global insurance industry insights: An in-depth perspective, https://www.mckinsey.com/industries/financial-services/our-insights/global-insurance-industry-insights--an-in-depth-perspective, Zugriff am 08.07.2018.

McKesson (2016): McKesson Case Study: Vitality, https://de.slideshare.net/WellnessJosephHopkin/mckesson-case-study-04112016-64600601.

Mercedes-Benz (2018): Mercedes me., https://www.mercedes-benz.com/de/mercedes-me/, Zugriff am 04.08.2018.

Molla, R. (2017): Amazon could be responsible for nearly half of U.S. e-commerce sales in 2017, https://www.recode.net/2017/10/24/16534100/amazon-market-share-ebay-walmart-apple-ecommerce-sales-2017, Zugriff am 14.07.2018.

Moore, J. (1993): Predators and Prey: A New Ecology of Competition, in: Harvard Business Review (May-June), S. 75–86.

Moore, J. (2006): Business ecosystems and the view from the firm, in: Antitrust Bulletin 51 (1), S. 31–75.

Müller, M. (2018): Shoppen im Netz: Amazon beherrscht fast die Hälfte des deutschen Onlinehandels, in: Spiegel Online (28.04.2018), http://www.spiegel.de/wirtschaft/unternehmen/amazon-beherrscht-knapp-die-haelfte-des-deutschen-onlinehandels-a-1205086.html, Zugriff am 20.07.2018.

Munich Re et al. (2018): Tech Trend Radar 2018.

Nalebuff, B.; Brandenburger, A. (1997): Co-opetition: Competitive and coop-erative business strategies for the digital economy, in: Strategy & Leadership 25 (6), S. 28.

Naujoks, H. et al. (2017a): Versicherer der nächsten Generation: Die Ser-vicerevolution.

Naujoks, H. et al. (2017b): Customer Behavior and Loyalty in Insurance: Global Edition 2017, http://www.bain.com/publications/articles/customer-be-havior-loyalty-in-insurance-global-2017.aspx, Zugriff am 19.07.2018.

Naujoks, H. et al. (2017c): Ecosystems: How Insurers Can Reinvent Cus-tomer Relationships, http://www.bain.com/publications/articles/ecosystems-how-insurers-can-reinvent-customer-relationships.aspx, Zugriff am 17.06.2018.

Neumann, P. (2017): Gute Zufriedenheitswerte - autohaus.de, https://www.autohaus.de/9-autohaus-versicherungsmonitor-gute-zufrieden-heitswerte-2030048.html, Zugriff am 04.11.2017.

nexible (2018): Autoversicherung | nexible.de, https://www.nexible.de/auto-versicherung, Zugriff am 07.08.2018.

NIKKI SUN (2018): China's ZhongAn goes overseas with Japanese deals, https://asia.nikkei.com/Business/Companies/China-s-ZhongAn-goes-over-seas-with-Japanese-deals, Zugriff am 04.01.2019.

Nöthling, N. (2018): Munich Re gründet Technologie-Tochter, https://versi-cherungsmonitor.de/2018/06/18/munich-re-gruendet-technologie-tochter/, Zu-griff am 08.07.2018.

O'Leary, T. (2008): Tesla Store Los Angeles, https://www.tesla.com/de_DE/blog/tesla-store-los-angeles, Zugriff am 25.12.2018.

Otis, B.: Parviz, B. (2014): Introducing our smart contact lens project, https://googleblog.blogspot.com/2014/01/introducing-our-smart-contact-lens.html, Zugriff am 20.07.2018.

ottonova AG (2018): ottonova: Die digitale private Krankenversicherung, https://www.ottonova.de/, Zugriff am 06.08.2018.

Peverelli, R.; de Feniks, R. (2016): 10 Insurtechs for superb customer engagement, http://www.itineralia.es/pagina-single.php, Zugriff am 02.06.2018.

Pfadenhauer, M. (2009): Das Experteninterview, in: Qualitative Marktforschung, S. 449–461, https://link.springer.com/chapter/10.1007/978-3-8349-9441-7_28, Zugriff am 12.08.2018, Gabler.

Picot, A. et al. (2008): Studienreihe zur Heimvernetzung - Treiber und Barrieren der Heimvernetzung, https://www.bitkom.org/noindex/Publikationen/2008/Leitfaden/BITKOM-Studie-Treiber-und-Barrieren-der-Heimvernetzung/Studie-Treiber-Barrieren-der-Heimvernetzung.pdf, Zugriff am 12.08.2018.

Preißler, S. (2017): Vergleichsportal Check24 schafft 80 Jobs an der Alster, https://www.abendblatt.de/hamburg/article211498241/Check24-verdoppelt-Belegschaft-in-Hamburg.html, Zugriff am 13.08.2018.

Provinzial (2013): Schadenservice: Provinzial Rheinland baut Handwerkerservice aus, http://www.provinzial-newsroom.com/pressemitteilungen/detailansicht/news/detail/News/schadenservice-provinzial-rheinland-baut-handwerkerservice-aus/, Zugriff am 14.08.2018.

Provinzial Nord Brandkasse (2018): Notfallmanagement, https://www.provinzial.de/content/privat/versicherungen/wohnen-und-bauen/notfallmanagement/, Zugriff am 06.08.2018.

QIVICON (2018): QIVICON verstehen. So funktioniert es, https://www.qivicon.com/de/vorteile/, Zugriff am 21.08.2018.

R+V Allgemeine Versicherung AG (2018): R+V startet Smart-Home-Projekt, https://www.ruv.de/presse/pressemitteilungen/20180611-ruv-malteser-care, Zugriff am 06.08.2018.

Ralph, O. (2018): Identity crisis: the insurers moving away from insurance, in: Financial Times (August 7, 2018), S. 7.

Rapberger, W. (2018): Smart-Home Insurance—Key Elements And Players Shaping The Market, https://insuranceblog.accenture.com/smart-home-insurance-key-elements-and-players-shaping-the-market, Zugriff am 12.08.2018.

Rapberger, W.; Schimmer, M. (2017): Evolve to thrive in the emerging insurance ecosystem.

Rawassizadeh, R. et al. (2015): Wearables: Has the Age of Smartwatches Finally Arrived?, in: Communications of the ACM 58 (1), S. 45–47.

Reader, G. et al. (2017): Preparing to disrupt and grow, https://home.kpmg.com/jm/en/home/insights/2017/08/preparing-to-disrupt-and-grow.html, Zugriff am 14.06.2018.

Reccius, S. (2018): Gebrauchtwagen-Plattform: Auto1 startet mit der Deutschen Bank und der Allianz ein eigenes Fintech, https://www.handelsblatt.com/finanzen/banken-versicherungen/gebrauchtwagen-plattform-auto1-startet-mit-der-deutschen-bank-und-der-allianz-ein-eigenes-fintech/22656334.html, Zugriff am 10.07.2018.

Reichheld, F.; Seidensticker, F.-J. (2006): Die ultimative Frage. Mit dem Net Promoter Score zu loyalen Kunden und profitablem Wachstum, München/Wien, https://www.amazon.de/ultimative-Promoter-loyalen-profitablem-Wachstum/dp/3446407014, Zugriff am 19.07.2018, Carl Hanser Verlag.

Reichheld, F. F. (2003): The One Number You Need to Grow, in: Harvard Business Review 81 (12), S. 46–54.

Roßbach, S. et al. (2018): Vorgehensmodell zum Aufbau eines digitalen Ökosystems, https://www.tme-ag.de/publikationen/tme-in-der-presse/whitepaper-digitale-oekosysteme/, Zugriff am 13.07.2018.

Ruf, S. (2007): Würden Sie diese Methode einem Freund empfehlen?, in: Verband Schweizer Markt- und Sozialforscher (Jahrbuch 2007), S. 38–40.

ryd (2018a): ryd Sponsoren | Unsere Partner, https://ryd.one/, Zugriff am 04.08.2018.

ryd (2018b): Anmeldung Pilot AXA und ryd, https://axa.ryd.one/, Zugriff am 06.08.2018.

Schlingensiepen, I. (2018): HUK-App mit Verwechslungsgefahr, https://versicherungsmonitor.de/2018/08/07/huk-app-mit-verwechslungsgefahr/, Zugriff am 16.08.2018.

Schwartz, D. et al. (2017): As sector borders dissolve, new business ecosystems emerge, https://www.mckinsey.com/business-functions/strategy-andcorporate-finance/our-insights/as-sector-borders-dissolve-new-business-eco-systems-emerge, Zugriff am 10.07.2018.

Service Partner Netzwerk (2018): Dienstleister für Kfz Schadenmanagement, https://spn-netz.de/ueber-spn/, Zugriff am 04.08.2018.

Sheng, C. et al. (2016): China Insuretech, http://www.oliverwyman.com/our-expertise/insights/2016/oct/china-insuretech.html, Zugriff am 06.07.2018.

Shrestha, P.; Saxena, N. (2017): An Offensive and Defensive Exposition of Wearable Computing, in: ACM Computing Surveys 50 (6), S. 1–39.

Song, B. (2018): Thinking ecosystems is the secret behind ZhongAn, http://www.digitalinsuranceagenda.com/267/thinking-ecosystems-is-the-se-cret-behind-zhongan/, Zugriff am 26.07.2018.

SparkassenVersicherung (2018): Kfz-Versicherung, https://www.sparkas-senversicherung.de/content/privatkunden/produkte/auto/kfz-versicherung/, Zu-griff am 06.08.2018.

Statista (2016): Wie oft nutzen Sie Dienste und Produkte von Amazon?, in Statista - Das Statistik-Portal, https://de.statista.com/statistik/daten/stu-die/617252/umfrage/nutzungshaeufigkeit-von-amazon-diensten-in-deutsch-land/, Zugriff am 17.07.2018.

Studio Roosegaarde (2018): Studio Roosegaarde Intimacy 2.0, https://stu-dioroosegaarde.net/project/intimacy, Zugriff am 20.07.2018.

Sturm, R. et al. (2013): A Cash-Back Rebate Program for Healthy Food Pur-chases in South Africa: Results from Scanner Data, in: American journal of preventive medicine 44 (6), S. 567–572.

Tan, J. (2017): From Ping An to Platform: Technology Innovation for Growth, https://www.wesrch.com/business/paper-details/pdf-BU187Q000AOLC-from-ping-an-to-platform-technology-innovation-for-growth, Zugriff am 10.07.2018.

Tansley, A. G. (1935): The Use and Abuse of Vegetational Concepts and Terms, in: Ecology 16 (3), S. 284–307.

TARGOBANK (2018): TARGOBANK AUTOBANK komplettiert Versiche-rungsangebot, https://so-geht-bank-heute.targobank.de/newsroom/pressemit-teilungen/targobank-autobank-komplettiert-versicherungsangebot/, Zugriff am

04.08.2018.

Thomas, L. (2018): Amazon grabbed 4 percent of all US retail sales in 2017: New study, https://www.cnbc.com/2018/01/03/amazon-grabbed-4-percent-of-all-us-retail-sales-in-2017-new-study.html, Zugriff am 14.07.2018.

Tiwana, A. et al. (2010): Platform Evolution: Coevolution of Platform Architecture, Governance, and Environmental Dynamics, in: Information Systems Research 21 (4), S. 675–687.

Tornes, M. et al. (2018): Small Business Ecosystems: Banks' Next Challenge, http://www.bain.com/publications/articles/small-business-ecosystems-banks-next-challenge.aspx, Zugriff am 17.06.2018.

Vandendael, V. (2018): New business models: Making insurance fit for the future, http://events.globalreinsurance.com/dubaiwic/wp-content/uploads/2018/03/VINCENT-VANDENDAEL.pdf.

Versicherungskammer Bayern (2018): „Meine Gesundheit" habe ich sicher im Klick, https://www.vkb.de/content/services/exklusiver_gesundheitsservice/meine-gesundheit/, Zugriff am 16.08.2018.

Vitality (2017a): Vitality Shared Value Infographic, https://www.vitalitygroup.com/wp-content/uploads/2017/06/2017_Vitality-Shared-Value-Infographic.pdf, Zugriff am 26.07.2018.

Vitality (2017b): How the Vitality Wellness Program Works, https://www.vitalitygroup.com/how-vitality-works/, Zugriff am 26.07.2018.

Vitality (2018): The Credit Card That Gives You More Rewards | Discovery Card, https://www.discovery.co.za/credit-card/about-discovery-card, Zugriff am 26.07.2018.

Vivy (2018): Vivy Unternehmenswebseite, https://vivy.seiweb.de/, Zugriff am 16.08.2018.

Volkswagen (2018a): Volkswagen We – neue Dienste für Deine Mobilität, https://www.volkswagen-we.com/de.html#/Dienste, Zugriff am 04.08.2018.

Volkswagen (2018b): Das rollende Smartphone | Volkswagen inside, http://inside.volkswagen.de/Das-rollende-Smartphone.html, Zugriff am 20.08.2018.

Volkswagen Financial Services AG (2018a): Geschichte der Volkswagen Finanzdienstleistungen, https://www.vwfsag.de/de/home/unternehmen/historie.html, Zugriff am 13.08.2018.

Volkswagen Financial Services AG (2018b): Geschäftsbericht 2017, https://www.vwfsag.de/de/home/investor_relations/Volkswagen_Financial_Services_AG/geschaeftsberichte/gb2017.html, Zugriff am 13.08.2018.

Völler, M. (2016): Sozialisiert durch Google, Apple, Amazon, Facebook und Co. – Kundenerwartungen und –erfahrungen in der Assekuranz. Proceedings zum 20. Kölner Versicherungssymposium am 5. November 2015 in Köln, https://cos.bibl.th-koeln.de/frontdoor/index/index/docId/330, Zugriff am 14.05.2018.

Völler, M. (2018): Das Erlebnis „Versicherung" in der digitalen Welt, Köln 2018, Zugriff am 04.06.2018.

Wagner, F. (Hg.): Gabler Versicherungslexikon, Wiesbaden, https://www.springer.com/de/book/9783834946249, Zugriff am 20.07.2018, Springer Gabler.

Weidemann, T. (2018): Amazon-Prime-Day: Warum der Erfolg zu einem Problem wird, https://t3n.de/news/amazon-prime-day-erfolg-problem-1095886/, Zugriff am 20.07.2018.

Wheeler, K. (2018): The rise of the insurance ecosystem, https://affinion.co.uk/news-resources/rise-insurance-ecosystem/, Zugriff am 05.05.2018.

Wirtschaftswoche (2018): Abracar: Allianz stärkt Gebrauchtwagenvermittler, https://gruender.wiwo.de/abracar-allianz-staerkt-gebrauchtwagenvermittler/, Zugriff am 10.07.2018.

Wright, M.; Richey, R. (2009): Deeply Embedded Devices: The Internet Of Things, in: Electronic Design 57 (19), S. 41–44.

ZDF (2018): E-Commerce in Deutschland: Amazon beherrscht Online-Handel, https://www.zdf.de/uri/224052bb-af94-46f6-963d-0f23411d34d2, Zugriff am 17.07.2018.

ZhongAn (2018a): ZhongAn Online Announces Interim Results for 2018 Premium Income Increased Substantially By 106.6% To RMB5,148.2 Million Year-On-Year, Key Indicators Are Significantly Optimized,

https://www.zhongan.com/corporate/uncategorized/zhongan-online-an-
nounces-interim-results-for-2018-premium-income-increased-substantially-by-
106-6-to-rmb5148-2-million-year-on-yearkey-indicators-are-significantly-opti-
mized/?lang=en, Zugriff am 04.01.2019.

ZhongAn (2018b): Cooperation with ZhongAn,
http://open.zhongan.com/open/home/home, Zugriff am 28.07.2018.

ZhongAn (2018c): Ecosystem of Travel Insurance,
https://www.zhongan.com/corporate/ecosphere/?lang=en, Zugriff am
29.07.2018.